毎日のごはんが健康をつくる

徳洲会おすすめの
バランスレシピ

徳洲会グループ栄養部会

JN027706

飛鳥新社

「食」を通して徳洲会グループがお伝えしたいこと

徳洲会グループの管理栄養士、栄養士、調理師が作る、体に良くて美味しいレシピ本を手に取っていただき有難うございます。

当グループの栄養部門は、患者さんや利用者さんの健康を支える基本となる「食」に取り組み、体の状態に合わせた最適な栄養の提供と同時に、美味しさも追求して日々の業務に励んでいます。その成果を一つの形にしました。

本書には栄養バランスを考慮したレシピが多数掲載されています。これは、ふだんの食事の手助けになるだけではなく、病気や体調に応じた食事にも考慮されており、広く皆様のお役に立てる内容となっています。

管理栄養士、栄養士、調理師が共同で専門的な知識を料理に取り入れ、見た目も美しく、魅力あるレシピを数多く考案したのがこの料理本です。

健康は食事から始まります。日々の食事は、ただの栄養摂取手段ではなく、身体を作り、そして心をも満たす大切なものです。本書が、皆様の健

康維持・向上に少しでも役立つことができれば幸いです。

最後に、健康をサポートする病院や介護施設の食を担当するプロが創り出した魅力あるレシピが、読者の皆様の食生活に新たな風を吹き込み、健康で豊かな生活を支える一助となることを心から願っております。

医療法人徳洲会理事長
一般社団法人徳洲会理事長
東上震一

はじめに

私たちが作る
「食事」に込めている思い

皆さんは〝病院の食事〟に、どんなイメージを持っていますか？　多くの方は「おいしくない」、「味が薄い」という印象を抱いていると思います。

しかし、徳洲会グループの病院に入院された患者さんからは「イメージと違った」との感想を多くいただきます。

その理由は、料理の見た目にあると思っています。私たち管理栄養士や調理師が全国の徳洲会グループの病院や施設で患者さんに食事を提供する際に、**栄養バランスやおいしい味つけ、安全性を大切にしている**のは当然ですが、同じくらい料理の見た目にもこだわっています。

人は食べ物を見たとき「見た目」や「先入観」で判断するため、マイナスのイメージだと食欲がわきません。だからこそ、病院食であっても、栄養バランスを満たすだけでなく、**見た目でも患者**

さんや利用者さんに喜んでいただける料理を提供したいと考えているのです。

この本は、健康な方も徳洲会グループが考える食事を実践していただけるように、毎日活用できるレシピを紹介しています。献立などに困ったときは、ぜひ参考にしてください。その際に、盛りつけなど食卓の演出も見ていただけると、心と体が喜ぶ食事のコツが感じられると思います。

すべての方が食事を通じて笑顔になることが、私たちの一番の喜びです。今後も、食事は「病院や介護施設の顔になる」ことを念頭に置き、ひとりでも多くの方が幸せになれるような食事の提供に努めていきます。

本書を通じて、読者の皆様に私たちの思いが届くこと、そして食事や栄養について考えたり話しくこと、そして食事や栄養について考えたり話したりする機会が増えることを願ってやみません。

徳洲会グループ栄養部会

CONTENTS ——

はじめに …… 3

この本で紹介するレシピについて …… 6

食事バランスを整える3つのポイント …… 8

調理に役立つミニ知識 …… 10

からだにやさしい 毎日のごはん

1st weekly menu

DAY 1 ぶりの照り焼き献立 …… 16
DAY 2 鶏のジューシーから揚げ献立 …… 18
DAY 3 さわらのパン粉焼き献立 …… 20
DAY 4 肉みそうどん献立 …… 22
DAY 5 焼き鮭の南蛮漬け献立 …… 24
DAY 6 豆腐ひじきハンバーグ献立 …… 28

2nd weekly menu

DAY 1 赤魚のみそ焼き献立 …… 32
DAY 2 牛肉のトマトスープ献立 …… 36
DAY 3 あじのレモンマリネ献立 …… 38
DAY 4 鶏肉の和風おろし献立 …… 40
DAY 5 かれいのねぎしそ焼き献立 …… 44
DAY 6 ハンバーグステーキ献立 …… 46

3rd weekly menu

DAY 1 鶏の和風香味焼き献立 …… 50
DAY 2 さわらのふくさ焼き献立 …… 52
DAY 3 タンドリーチキンカツ献立 …… 54
DAY 4 鮭のとろろ蒸し献立 …… 56
DAY 5 蒸し鶏の温野菜添え献立 …… 60
DAY 6 魚介たっぷりパエリア風献立 …… 62

4th weekly menu

DAY 1 さばの梅しそ揚げ献立 …… 68
DAY 2 ミートボールのトマトソース献立 …… 72
DAY 3 赤魚の幽庵焼き献立 …… 74
DAY 4 揚げレバーのケチャップソース献立 …… 76
DAY 5 えびとトマトの卵炒め献立 …… 78
DAY 6 鶏つくねの月見仕立て献立 …… 80

5th weekly menu

DAY 1 たらのチリソースがけ献立 …… 86
DAY 2 キーマカレー献立 …… 88
DAY 3 真鯛のアクアパッツァ献立 …… 90
DAY 4 鶏のロール蒸し献立 …… 92
DAY 5 れんこんとなすの2色はさみ揚げ献立 …… 96
DAY 6 菊しゅうまい献立 …… 98

カロリー控えめの手作りデザート

ヨーグルトティラミス ……… 100

カッサータ ……… 100

甘酒ジェラート ……… 101

ヨーグルトチーズケーキ風 ……… 101

豆乳抹茶ムース ……… 102

おから入りレンチンドーナツ ……… 102

水まんじゅう ……… 103

もちもちどら焼き ……… 103

自慢の郷土料理レシピ

鮭のちゃんちゃん焼き(北海道) ……… 104

石狩鍋(北海道) ……… 105

三平汁(北海道) ……… 106

孟宗汁(山形県) ……… 107

いも煮(山形県) ……… 108

ひっぱりうどん(山形県) ……… 109

だし(山形県) ……… 110

油麩の卵とじ丼(宮城県) ……… 111

煮合い(茨城県) ……… 112

さんが焼き(千葉県) ……… 113

ほうとう(山梨県) ……… 114

どて焼き(大阪府) ……… 115

鯛めし(愛媛県) ……… 116

つき揚げ(長崎県) ……… 117

浦上そぼろ(長崎県) ……… 118

さつま汁(鹿児島県) ……… 119

春雨シームン(鹿児島県) ……… 120

ヒルアギ(鹿児島県) ……… 121

鶏飯(鹿児島県) ……… 122

ソーキ汁(沖縄県) ……… 123

おわりに ……… 124

素材別インデックス ……… 125

この本で紹介するレシピについて

本書では大きく「献立」と「郷土料理」のパートに分けて、レシピを紹介しています。
さまざまな工夫をこらした内容を、簡単にご説明します。

献立

献立は、徳洲会グループが毎年行っている料理コンテストのメニューをベースにしています。それらのレシピをご家庭でも再現できるようにアレンジ。1日あたりの1食分と想定し、1か月に相当する30食分を5週に分けて紹介しています。

家庭でも再現できるバランスのよい食事を 5週分、充実の30献立

肉・魚をバランスよく

主菜は肉、魚を日替わりで交互にし、偏りなくとれるよう工夫。バラエティに富んだ味つけや調理法、素材の組み合わせで、飽きずに続けることができます。

野菜は1食で100g以上

1日あたりの野菜の推奨摂取量は350g（P.9参照）。そのうちの約1/3量がとれるよう、1食の野菜の量は基本的に100g以上にしています。

油控えめでヘルシー

揚げものは基本的に週1回。それも、少なめの油で揚げ焼きにするなど、油を控える工夫を加え、脂質の過剰摂取を抑えます。

副菜は身近な食材で作れる

栄養の相乗効果を高めるために、いろいろな食材を使用していますが、どれも身近で入手できるものばかり！ 気軽にチャレンジできます。

組み合わせや選び方も自由

献立全体で、副菜の数は汁ものも含めて50品あまり。主菜との組み合わせをチェンジするなど、アレンジしてみてください。

沖縄からは
ソーキ汁

日本各地にある徳洲会グループ病院のうちのいくつかをピックアップし、その土地ならではの郷土料理を紹介。食事を通して、その土地の文化に触れ、ほんの少し旅行気分を味わっていただけたらうれしいです。

郷土料理

古くから愛され育まれてきた
各地の料理を20品ご紹介します

デザートも！

1食200kcal以下の簡単デザートは、甘さ控えめで手作りならではのおいしさ。食後のデザートや間食にもおすすめです。和風、洋風、お好みでどうぞ。

〈この本の決まりごと〉

＊計量／小さじ1＝5㎖、大さじ1＝15㎖、1カップ＝200㎖です。

＊材料の下処理／特に記載がない場合、洗う、皮をむく、種やへたを除くなどの処理を済ませたものとします。

＊野菜などの数量は重量（g）を基準とした目安です。

＊電子レンジ／600Wのものを基準にしています。500Wの場合は加熱時間を1.2倍、700Wの場合は0.8倍にするなど、お手持ちの機器に合わせて調整してください。

＊ご飯／茶碗軽く1杯＝100ｇ（156kcal）、茶碗1杯＝150ｇ（234kcal）、丼1杯＝200ｇ（312kcal）です。

＊だし汁は水1/2カップに対して顆粒だし1ｇです。

＊水分量は加熱によって蒸発するぶんも考慮して表記しています。

＊栄養価計算は、「日本食品標準成分表2022（八訂）」をもとに算出しています。

＊アイコン（献立）　各献立に野菜の摂取量、塩分量、主菜の調理方法を示すアイコンをつけています。

野菜多め！	塩分控えめ！	調理方法					
特に量が多い120ｇ以上のもの。	1食あたり3ｇ未満のもの。	焼く・炒める	電子レンジオーブンレンジ	魚焼きグリル	油で揚げる	蒸す	煮る

食事バランスを整える 3つのポイント

\\ 知っておきたい /

「バランスのよい食事」を毎日続けていくうえで気をつけたいのが、「減塩」「野菜の摂取量」「外食や中食」の3つ。意識して、食生活に生かしていきましょう。

1. 減塩　食塩控えめの食事で健康をキープ

食塩の摂取は**健康な方で1日7g程度（高血圧の方は6g未満）推奨**とされています。とりすぎると、高血圧や脳卒中、腎臓病、心臓病などの生活習慣病を発症するリスクが高くなるため、塩分コントロールは大切なポイント。コツは、**「だしや香味野菜、スパイスなどを上手に活用する」「食塩の多い食材・食事を控える」「とりすぎた食塩を体外に排出するカリウムを含む食材をとる」**の3つです。

———— 覚えておきたい減塩テクニック ————

（食材の工夫）
☑ カリウムを含む食材をとる

野菜や海藻類に多く含まれるカリウムは、とりすぎた食塩を体外に排出する働きがあります。毎日の食生活にカリウムの多い食材を意識して取り入れましょう。ただし、腎臓病の方は高カリウム血症のリスクが高まるので、注意が必要です。

\\ カリウムが多い！ /

海藻類	生野菜
生の果物類	豆類
いも類	など

（食べるときの工夫）
☑ 食塩が多いものを意識して減らす

漬けものや練りもの、ベーコンやソーセージなどの食塩が多い加工食品を避ける、みそ汁などの汁ものは1日1食にするなどの工夫を。また、ラーメンやうどん、そばなどの汁は残す、かけしょうゆはやめて、つけるだけにすることを心掛けて。それだけでも食塩は減らせます。

\\ 食塩含有量の目安例 /

ラーメン	1杯6〜7g
みそ汁	1杯約2g
おでん盛り合わせ	約4g
カレーライス	1皿4〜5g
ソーセージ	1本約0.4g
ちくわ	1本約0.6g
梅干し	1個約2g
ハンバーガー	1個約2g

（調理の工夫）
☑ だしやスパイスなどで満足感をアップ！

柑橘類や酢などの酸味、唐辛子やスパイスなどの辛み、ハーブやしょうが、にんにく、青じそなどの香味野菜を上手に取り入れて、味にメリハリやアクセントをつけると、塩分を控えてもおいしく仕上がり、満足感もアップ。また、だしは素材の味を引き立てる効果があり、少ない調味料でもおいしく食べられます。汁ものは具だくさんにして汁を少なめにすると、減塩効果もアップします。

2. 野菜の摂取量

1日350gの野菜をとることを目標に！

野菜は**1日あたり350gの摂取が目安**といわれています。野菜にはビタミン、ミネラル、食物繊維が多く含まれており、1日分の摂取量をしっかり意識することが大切。野菜不足にならないよう注意しましょう。本書では「焼く」「ゆでる」「蒸す」などの調理で、野菜を効率よくとれるレシピを紹介しています。

▶350gってどのくらい？

生野菜だと両手いっぱいで約120g。加熱すればかさが減って片手にのる程度の量となり、グンと食べやすくなります。例えば、朝はサラダで生野菜70g、昼と夜は小鉢や具だくさんの汁もので140gずつなど、調理と組み合わせの工夫で350gをクリアできます。

野菜ジュースでもいいの？

野菜ジュースは糖質を多く含むものもあるので、注意が必要です。野菜がとれない日が続いたときなどに、補助的に活用する程度にしましょう。

3. 外食・中食　選び方と食べ方の工夫を心掛けましょう

外食やコンビニ・スーパーを利用する場合、丼もの、麺、ファストフードなどの単品料理や炭水化物の料理に偏りがち。選ぶときに**栄養バランス**、**野菜の量**、**塩分量**を意識するだけで、食事のバランスは整いやすくなります。本書では、週に1回は外食や中食での設定としています。ポイントを押さえて、普段の生活に取り入れていきましょう。

●単品はサイドメニューを組み合わせて

炭水化物、たんぱく質、野菜がバランスよくとれる組み合わせが理想。外食なら、主菜（たんぱく質）と副菜（野菜系）をセットで食べる"定食スタイル"がおすすめです。

●弁当はラベルに注目

弁当は、肉や魚などのたんぱく質源や、野菜が入っているものを選んで。また、商品についている成分表示のラベルに注目。カロリーや塩分量、たんぱく質量などを確認しましょう。

ご飯＋焼き魚＋
煮もの（小鉢）＋みそ汁

おにぎり＋ゆで卵＋和えもの

丼もの＋サラダ　　　など

麺類やパン、
おにぎり
などの
単品のみ

調理に役立つミニ知識

ここからは、火加減や計量、野菜の切り方など、実際に調理する際に知っておきたい
簡単な基礎を説明します。調理の前にぜひ目を通してみて。

［強火］

炎が鍋底に当たって広がっている状態。煮立てるとき
などに。炎が鍋底からはみ出さないようにしましょう。

火加減

弱火・中火・強火を使い分けて

レシピ中で注意して見たいのが、「弱火」「中火」
「強火」などの火加減。火加減をきちんと調整し
ないと、見た目はいい焼き色がついていても中は
生焼けだったり、あるいは焦がしてしまったり…と
失敗のもとに。レシピは火加減を表示どおりに守
って調理してこそ、おいしく上手に仕上がります。

［中火］

炎の高さは先端が鍋底につくくらいの火加減で、炒
めもの、煮もの全般でもっともよく使われます。火加
減の指定がない場合は中火にすることが多い。

［弱火］

炎の高さはコンロと鍋の中間くらい。みじん切りにし
た香味野菜を炒めて香りを出すときや、長時間煮込
む料理などに。

計量　しっかり量り方をマスターしましょう

レシピを見ながら作っているのに、なんだか味が決まらない、うまくできない…。調味料を目分量で入れたりしていませんか？　じつは、計量は調理の基本中の基本。計量カップや計量スプーンを使って正しく量れば、味つけに失敗することもありません。減塩のためにも調味料を正確に量ることは大切なポイント！

［必要な用具はこれ！］

●計量カップの量り方

平らな場所に置き、真横から見て量ります。

●計量カップ

プラスチックやガラス製の、透明で外から水平に目盛りが見られるものが使いやすい。

●計量スプーン

ティースプーンやディナースプーンの使用はNG。計量用のスプーンを用意しましょう。いろいろなサイズが市販されていますが、最低でも小さじ1/2、小さじ1、大さじ1が量れるものをそろえておいて。それぞれ何本か用意しておくと、使うたびに洗う必要がなく、スムーズに作業できます。

●計量スプーンの使い方

塩やみそなどはすりきりで

小さじ1	小さじ½

山盛りにすくってから、まっすぐな棒やナイフの背などですりきって量ります。ぎゅうぎゅうに押したりするのはNG。½は1を量ってから半分にして。大さじの量り方も同様。

液体は表面張力で盛り上がる状態で

しょうゆ、油などの液体は、スプーンを水平に持ち、なみなみと表面張力で盛り上がる状態まで入れて量ります。

おもな調味料の計量と重量

	調味料名	計量	重量
塩	精製塩（さらさらした塩）	小さじ1	6g
	粗塩（しっとりした塩）	小さじ1	5g
しょうゆなど	薄口しょうゆ	小さじ1	6g
	濃口しょうゆ	小さじ1	6g
	ポン酢しょうゆ	小さじ1	6g
みそ	合わせみそ	小さじ1	6g
	麦みそ	小さじ1	6g
その他	マヨネーズ	大さじ1	12g
	ウスターソース	小さじ1	6g
	トマトケチャップ	大さじ1	15g
	オイスターソース	小さじ1	6g
	みりん	小さじ1	6g
	砂糖	小さじ1	3g
	酢	小さじ1	5g
油・バター	バター	小さじ1	4g
	植物油	小さじ1	4g
	ごま油	小さじ1	4g
	オリーブ油	小さじ1	4g
だし類	和風顆粒だしの素	小さじ1	3g
	鶏ガラスープの素	小さじ1	3g
	顆粒コンソメ	小さじ1	3g
	顆粒中華スープの素	小さじ1	3g
粉	片栗粉	大さじ1	9g
	小麦粉	大さじ1	9g

▶「塩少々」「塩ひとつまみ」ってどのくらい？

少々	ひとつまみ

親指と人差し指の2本でつまんだ量。つまみ方、人によっても差が出ますが、目安としては0.5gです。	親指、人差し指、中指の3本でつまんだ量。目安としては0.8g。小さじ⅒より少々多いくらいです。

野菜の切り方

この本で出てくる野菜のおもな切り方をピックアップ。
レシピ中では火の通りや食感、見映えなどを考えて、料理に適した切り方を表示しています。

▼ 小口切り

細長い野菜を横長に置き、端から輪切りにする。

▼ 角切り（大根）

1cm厚さの輪切りにしてから1cm幅の棒状に切り、向きを変えてさらに1cm幅に切る。

▼ いちょう切り

にんじん、大根などの棒状の野菜を縦4等分に切り、さらに幅をそろえていちょう形に切る。

▼ ざく切り

キャベツ、白菜などの葉もの1枚を、まず長方形に切り、重ねて4〜6cm四方になるように切る。

▼ くし形切り

トマトや玉ねぎなどの球状のものを、4等分に切り、さらに中心から等間隔の放射状に切る。

▼ 角切り（トマト）

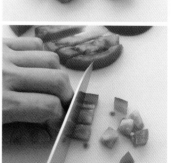

縦1cm幅に切って、1cm幅の棒状に切り、向きを変えてさらに1cm幅に切る。

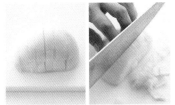

みじん切り

玉ねぎを縦半分に切り、根元をつけたまま縦に7～8本切り込みを入れる。続けて水平に4～5本包丁を入れ、端から細かく切る。

斜め切り

端から包丁を斜めに入れ、等間隔で切る。

○cm長さに切る

小松菜など長さをそろえて、端から指定の長さにざくざく切る。

乱切り

野菜を回しながら、斜めに切っていく。なす、にんじん、ごぼうなどによく使う切り方。

拍子木切り

長さ4～5cmの拍子木のような棒状に切る。

白髪ねぎ

長ねぎを5cm長さに切り、縦に切り込みを入れて開く。中の芯を除いて平らに広げ、端から1～2mm幅に切る。

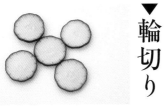

輪切り

棒状または球状の野菜を端から同じ厚さで切る。

細切り・せん切り

4cm長さに切り、幅2～3mmの板状に切る。重ねて端から細い棒状に切る。せん切りはさらに細く切る。

短冊切り

縦1cm幅に切り、端から薄切りにする。

からだにやさしい 毎日のごはん

体の調子を内側から整えるのは、毎日の食事。サプリではありません。
さまざまな食材の栄養をバランスよくとれる献立を、30日分ご紹介します。
「今日は何にしようかな…」というときに、ぜひお役立てください。

1st weekly menu

DAY 1 ぶりの照り焼き献立 ▶P.16
ぶりの照り焼き／豚しゃぶのポン酢ジュレ／だご汁／赤しそご飯

DAY 2 鶏のジューシーから揚げ献立 ▶P.18
鶏のジューシーから揚げ／野菜のソテー／
野菜とわかめの三杯酢和え／ふんわり卵スープ／ご飯

DAY 3 さわらのパン粉焼き献立 ▶P.20
さわらのパン粉焼き トマトソースがけ／たらことパスタのサラダ／
花野菜のガーリックソテー／ご飯

DAY 4 肉みそうどん献立 ▶P.22
肉みそうどん／ミモザサラダ／かぶレモン

DAY 5 焼き鮭の南蛮漬け献立 ▶P.24
焼き鮭の南蛮漬け／おだしたっぷり卵豆腐／
春菊のピーナッツ白和え／ふき寄せご飯

DAY 6 豆腐ひじきハンバーグ献立 ▶P.28
豆腐ひじきハンバーグ／トマツナサラダ／
ほっこりきのこの豆乳スープ／ご飯

ぶりの照り焼き献立

良質な脂を含むぶりを使った主菜に、具だくさん汁を合わせました。野菜たっぷりで、たんぱく質も充実したヘルシーな和食メニューです。

ふりかけを混ぜるだけ
赤しそご飯

ふわりと香る赤しその香りが食欲をアップ。おにぎりやお弁当のご飯にもおすすめ。

[材料(2人分)]

ご飯	茶碗2杯分(300g)
赤しそふりかけ	2g

[作り方]

ボウルにすべての材料を入れて混ぜる。

▶1人分 236kcal／たんぱく質3.8g／脂質0.5g／塩分0.5g

具だくさんで食べごたえあり
だご汁

熊本の郷土料理、だご汁は、根菜をたっぷり使うのが特徴。食物繊維が多くとれ、腸活にも役立つ一品です。

[材料(2人分)]

大根	1cm(40g)
にんじん	2cm(20g)
里いも	1個(20g)
ごぼう	⅛本(30g)
水煮たけのこ	⅛個(20g)
なす	½本(40g)
A 小麦粉	大さじ3
塩	少々
水	大さじ1
だし汁	1と½カップ
麦みそ	大さじ1

[作り方]

1 大根、にんじんはいちょう切り、里いもは乱切り、ごぼうは斜め切り、たけのこはくし形切り、なすは半月切りにする。

2 ボウルにAを混ぜ、水を加えながら耳たぶ程度のやわらかさになるようにこねる。ラップをかけ、常温に1時間ほどおく。

3 鍋にだし汁を入れて中火にかけ、煮立ったら大根、にんじん、里いも、ごぼう、たけのこを加え、15〜20分煮る。

4 3と同時に別の鍋に湯を沸かし、2をちぎってゆでる。浮き上がってきたら取り出し、なすとともに3に加える。みそを溶き入れ、ひと煮立ちさせる。

▶1人分94kcal／たんぱく質3.8g／脂質0.7g／塩分1.2g

ぶりとねぎは同じフライパンで
ぶりの照り焼き

ぶりには脳を活性化させるDHA、血液の流れをよくするEPAが豊富。動脈硬化や高血圧予防に積極的にとって。

[材料(2人分)]

ぶり(切り身)	2切れ(160g)
ほうれん草	40g
長ねぎ	¼本(30g)
A しょうゆ・みりん・砂糖	各小さじ½
酒・植物油	各小さじ1

[作り方]

1 ぶりは半分に切る。バットにAを混ぜ、ぶりを30分ほどつける。ほうれん草はさっとゆでて冷水に取り、水気をきって3cm長さに切る。長ねぎは3cm長さに切る。

2 フライパンにぶりを入れ、中火で両面を焼く。空いているところに長ねぎを加え、表面に焼き目がつくまで焼く。器に盛り、ほうれん草を添える。

▶1人分 214kcal／たんぱく質17.9g／脂質16.2g／塩分0.4g

ジュレ仕立てで食べやすく
豚しゃぶのポン酢ジュレ

たんぱく質、ビタミンB群が豊富な豚肉は、疲労回復効果もバツグン。さっぱりとしたジュレ仕立てでどうぞ。

[材料(2人分)]

豚もも薄切り肉	30g
長いも	1cm(30g)
オクラ	2本(20g)
粉ゼラチン	0.5g
水	大さじ1
A ポン酢しょうゆ・だし汁	各大さじ1

[作り方]

1 豚肉はゆでて冷水に取り、水気をきる。

2 長いもは拍子木切りにする。オクラはがくをむいてさっとゆで、冷水に取って長さ半分の斜め切りにする。

3 小さめの耐熱容器に粉ゼラチンを入れ、水を加えて溶かす。ラップをかけずに電子レンジで30秒加熱し、Aを加えて混ぜ、冷蔵室で15〜20分冷やし固める。

4 器に1、2を盛り、3のジュレをスプーンなどで粗く崩してかける。

▶1人分 44kcal／たんぱく質4.2g／脂質1.6g／塩分0.7g

和食の定番、魚の照り焼き。
ほんのりとした甘みがやさしい

鶏のジューシーから揚げ献立

大人気のから揚げに、野菜の小鉢、卵のスープの組み合わせ。から揚げは風味豊かなピーナッツソースをからめた新鮮アレンジ。また作って！と言われること請け合いです。

海藻でミネラルをプラス

野菜とわかめの三杯酢和え

内臓脂肪を減らす効果がある酢を使ったおかずは、酸味を生かして減塩効果もバツグン！

[材料(2人分)]

キャベツ	40g
きゅうり	½本(50g)
トマト	¼個(50g)
乾燥わかめ	2g
A 白練りごま・薄口しょうゆ	各小さじ1
酢	小さじ5
砂糖	大さじ1

[作り方]

1 キャベツは2cm四方に切って湯通しし、冷水に取って水気をきる。きゅうりはせん切りにする。

2 トマトは湯むきして1cm角に切る。乾燥わかめはさっとゆでてもどし、水に取って水気をきる。

3 ボウルにAを混ぜ、1、2を加えて和える。

▶1人分 39kcal／たんぱく質1.5g／脂質1.6g／塩分0.6g

とろみをつけて飲みやすく

ふんわり卵スープ

汁ものにもたんぱく質をプラス。彩りもきれいで献立に華を添えます。とろみの調整はお好みでOK。

[材料(2人分)]

卵	1個(50g)
A 水	1カップ
いりこだしの素	小さじ1
B 薄口しょうゆ	小さじ1
塩	少々
片栗粉(同量の水で溶く)	小さじ½
細ねぎの小口切り	4g

[作り方]

1 卵は溶きほぐす。

2 鍋にAを入れて中火にかけ、煮立ったら、Bを加える。水溶き片栗粉を加え、とろみがついたら1を回し入れる。器に盛り、細ねぎをのせる。

▶1人分 44kcal／たんぱく質3.6g／脂質2.6g／塩分1.3g

皮なしだからヘルシー

鶏のジューシーから揚げ

コクのあるピーナッツソースをからめたから揚げ。ころもにしっかり味がついてご飯がすすみます。

[材料(2人分)]

鶏もも肉(皮なし)	⅔枚(160g)	B ピーナッツバター	大さじ1と½
塩	適量	ピーナッツパウダー	12g
こしょう	少々	砂糖	小さじ1
A 片栗粉・小麦粉	各小さじ1	しょうゆ	小さじ1
		植物油	適量
		じゃがいも	小1個(80g)
		乾燥パセリ	少々

[作り方]

1 鶏肉は塩少々、こしょうをふり、合わせたAをまぶす。Bは合わせる。

2 鍋に植物油を180℃に熱し、鶏肉を揚げる。油をきって合わせたBに加えてからめ、食べやすい大きさに切る。

3 つけ合わせの粉ふきいもを作る。じゃがいもは2cm角に切り、かぶるくらいの水とともに鍋に入れて10分ほどゆでる。竹串が通るくらいになったら湯を捨て、中火で鍋を揺すりながら表面の水分をとばす。塩少々で味をととのえ、乾燥パセリをふる。

▶1人分 285kcal／たんぱく質22.9g／脂質16.8g／塩分0.6g

さっと作れて味つけ簡単！

野菜のソテー

ごま油でさっと炒めて、味つけは顆粒中華だし。簡単で失敗のない炒めものです。

[材料(2人分)]

にら	⅛束(20g)	もやし	⅕袋(40g)
にんじん	1cm(10g)	ごま油	小さじ½
黄パプリカ	¼個(20g)	顆粒中華だし	小さじ⅓

[作り方]

1 にらは4cm長さに切る。にんじん、パプリカは細切りにする。

2 フライパンにごま油を中火で熱し、にんじんを炒める。しんなりしたらパプリカを加えて炒め、にら、もやしを加えてさっと炒める。中華スープの素を加えて調味する。

▶1人分 22kcal／たんぱく質1.1g／脂質1.3g／塩分0.2g

"ふだんのから揚げも、
ソースにひと工夫するとうまみたっぷりに"

3 さわらのパン粉焼き献立

魚がメインというと淋しくなりがちですが、パン粉焼きにしてソースを添えればボリュームも満点。サラダと野菜ソテーを添えれば、カフェ風に!

たらこマヨで和えるだけ

たらことパスタのサラダ

パスタ入りのボリュームサラダ。たらこの塩分を味つけにいかします。パスタはお好みの種類でアレンジしても。

[材料(2人分)]

ショートパスタ		たらこ	20g
（コンキリエ）	50g	マヨネーズ	大さじ1
きゅうり	⅕本(20g)	サニーレタス	適量
コーン缶	20g	粗びき黒こしょう	少々

[作り方]

1 ショートパスタは袋の表示どおりにゆでて水気をきる。きゅうりは2mm幅の輪切りにし、コーンはざるにあげて汁気をきる。

2 たらこはほぐし、マヨネーズと混ぜる。

3 ボウルに1を入れ、2を加えて和える。

4 器にサニーレタスを敷いて3を盛り、粗びき黒こしょうをふる。

▶1人分 151kcal／たんぱく質6.2g／脂質5.6g／塩分0.6g

シンプルな味つけで簡単

花野菜のガーリックソテー

にんにくと唐辛子、塩で味をつけるペペロンチーノ風。ベーコンのうまみを加えて塩を少なめに抑えます。

[材料(2人分)]

ブロッコリー	4房(80g)	にんにく	1片
カリフラワー	5房(80g)	赤唐辛子	適量
しめじ	⅛パック(20g)	オリーブ油	小さじ1
ベーコン	2枚(30g)	塩	少々
ミニトマト	2個(20g)		

[作り方]

1 ブロッコリー、カリフラワーはひと口大に切り、少しかために塩ゆでする。

2 しめじは石づきを取ってほぐし、ベーコンは短冊切りにする。にんにくは薄切り、赤唐辛子は小口切りにする。

3 フライパンにオリーブ油、にんにく、赤唐辛子を入れて弱火にかけ、香りが出てきたら、しめじ、ベーコンを加えて中火で炒める。全体に火が通ったら1、ミニトマトを加えてさっと炒め、塩で味をととのえる。

▶1人分 89kcal／たんぱく質6.1g／脂質5.3g／塩分0.5g

バジル風味のパン粉をまとわせて

さわらのパン粉焼き トマトソースがけ

ハーブパン粉が、淡泊なさわらにマッチ。バターで香りよく仕上げて、トマトソースをたっぷり添えます。

[材料(2人分)]

さわら(切り身)	2切れ(160g)
玉ねぎ	⅙個(30g)
にんにく	1片
オリーブ油	小さじ1と½
カットトマト缶	½カップ(80g)
塩・こしょう	各適量
酒	大さじ1
小麦粉	小さじ2
A パン粉	½カップ
乾燥バジル	少々
オリーブ油	小さじ1
黄パプリカ	¼個(20g)
なす	½本(40g)
バター	5g

[作り方]

1 トマトソースを作る。玉ねぎ、にんにくはみじん切りにする。鍋にオリーブ油小さじ1、にんにくを入れて弱火にかけ、香りが出てきたら玉ねぎを加えて中火で5分ほど炒める。玉ねぎがしんなりしたらトマト缶を加えて10分ほど煮つめ、塩、こしょう各少々で味をととのえる。

2 さわらは酒、塩少々をふり、水気を拭いて小麦粉をまぶし、混ぜ合わせたAをのせる。パプリカは1cm幅に切り、なすはくし形切りにする。オーブンは180℃に予熱する。

3 クッキングシートを敷いた天板にさわらをのせ、2等分にしたバターをのせる。180℃のオーブンで12分焼く。

4 フライパンにオリーブ油小さじ½を熱し、パプリカ、なすを焼く。しんなりしたら塩、こしょう各少々で味をととのえる。

5 器に3、4を盛り、さわらに1のソースをかける。

▶1人分 248kcal／たんぱく質18.6g／脂質14.3g／塩分0.8g

"オーブンでじっくり焼いた
さわらがジューシー

肉みそうどん献立

麺が主食の日には、つい野菜不足になりがちですが、サラダや和えものでプラスすれば安心。肉みそは多めに作って冷凍保存もできるので、何かと重宝します。

彩りもカラフルで楽しい
ミモザサラダ

卵を散らすだけで、たんぱく質量もアップ。ドレッシングはお好みのものでOKです。

[材料(2人分)]

ゆで卵	½個(25g)
レタス	2枚(60g)
赤パプリカ	¼個(20g)
ブロッコリー	3房(60g)
好みのドレッシング	適量

[作り方]

1 ゆで卵はフォークなどで粗くつぶす。

2 レタスは手でちぎり、パプリカは薄切りにして水にさらす。ブロッコリーはひと口大に切り、塩ゆでしてさます。

3 器に2を盛り、1をかけてドレッシングをかける。

▶1人分 62kcal／たんぱく質3.4g／脂質4.3g／塩分0.3g

レモンドレッシングがさわやか
かぶレモン

レモンを効かせたドレッシングで和えたマリネ風。濃厚な肉みその箸休めにぴったりの一品です。

[材料(2人分)]

かぶ	1個(120g)
A レモン果汁	小さじ1
塩	少々
砂糖	小さじ⅓
オリーブ油	小さじ½

[作り方]

1 かぶは薄い半月切りにし、さっとゆでて水に取って冷やす。

2 ボウルにAを合わせて混ぜ、オリーブ油を加えて混ぜる。1を加えて和える。

3 器に盛り、好みで薄切りにしたレモン、イタリアンパセリを飾る。

▶1人分 22kcal／たんぱく質0.4g／脂質1.1g／塩分0.2g

野菜多めのヘルシーな肉みそ
肉みそうどん

肉みそはにんじんやたけのこ、長ねぎなどの野菜入り。牛肉のうまみとごま油の香りで風味よく仕上げます。

[材料(2人分)]

うどん	2玉(480g)
牛ひき肉	120g
にんじん	⅕本(40g)
水煮たけのこ	¼個(40g)
長ねぎ	⅓本(40g)
にんにく	1片
しょうが	1かけ
ごま油	小さじ1
A 甜麺醤	大さじ1と½
しょうゆ	小さじ1
鶏ガラスープの素	小さじ1
砂糖	小さじ1
水	½カップ
片栗粉(同量の水で溶く)	小さじ½
白髪ねぎ	適量
きゅうり	適量

[作り方]

1 うどんは袋の表示どおりにゆでて水気をきり、器に盛る。

2 にんじん、たけのこ、長ねぎ、にんにく、しょうがはみじん切りにする。

3 鍋にごま油、長ねぎ、にんにく、しょうがを入れて弱火にかけ、香りが出てきたらひき肉、にんじん、たけのこを加えて中火で炒める。

4 全体に火が通ったらAを合わせて加え、5分ほど煮る。水溶き片栗粉を加えてとろみをつけ、1にかける。白髪ねぎ、せん切りにしたきゅうりをのせる。

▶1人分 464kcal／たんぱく質19.2g／脂質16.3g／塩分2.9g

"ボリューム満点の肉みそうどんには、
さっぱり野菜小鉢を添えて

焼き鮭の南蛮漬け献立

野菜をたっぷり添えた魚のひと皿に、混ぜご飯、卵豆腐などを合わせた、
見た目も美しい献立。お客さまのある日のおもてなしにもおすすめです。

"酢を効かせた
メニューは
食欲のない日にも
おすすめ

せん切り野菜もたっぷり

焼き鮭の南蛮漬け

たんぱく質豊富な鮭は、ぜひとりたい食材。疲労回復や食欲増進効果がある酢でさっぱりした味わいに仕上げて。

[材料(2人分)]

生鮭(切り身)	2切れ(160g)
酒	小さじ½
塩	少々
小麦粉	大さじ⅔
玉ねぎ	⅕個(40g)
セロリ	⅕本(20g)
にんじん	1cm(10g)
植物油	大さじ½
A 酢	小さじ2
砂糖	小さじ2
しょうゆ	小さじ½
おろししょうが	小さじ½

[作り方]

1 鮭は酒、塩をふって下味をつけ、小麦粉をまぶす。

2 玉ねぎ、セロリは薄切り、にんじんはせん切りにする。

3 フライパンに植物油を中火で熱し、1を皮目から入れて両面をカリッと焼く。

4 鍋にAを入れて弱火にかけ、煮立ったら2を加えてさっと火を通す。火からおろし、さめたら3を加える。

5 器に盛り、好みでイタリアンパセリを飾る。

▶1人分 164kcal／たんぱく質18.7g／
脂質6.7g／塩分0.5g

彩りが美しく目にも楽しい

ふき寄せご飯

具材は煮てから混ぜ込むので、プリプリのえび、シャキシャキのれんこんの食感をキープできます。

[材料(2人分)]

米	1合(150g)
水	170㎖
むきえび	小15尾(50g)
酒	小さじ½
れんこん	20g
しめじ	⅛パック(20g)
油揚げ	20g
水煮ぎんなん	10粒(20g)
A 薄口しょうゆ	大さじ½
みりん	小さじ1
酒	小さじ½
顆粒和風だしの素	小さじ½

[作り方]

1 米は洗って30分ほど浸水させ、ざるにあげる。

2 えびは酒をふる。れんこんは3mm幅の半月切りにし、しめじは石づきを取ってほぐす。油揚げは短冊切りにする。

3 鍋に2、Aを入れて弱火にかけ、汁気がなくなるまで煮る。

4 炊飯釜に1、水を入れて炊飯する。炊き上がったら3、水気をきったぎんなんを加えて混ぜる。

▶1人分 355kcal／たんぱく質13.2g／脂質4.3g／塩分1.2g

ふるふるのやさしい食感
おだしたっぷり卵豆腐

味わい深いだしをたっぷり加えた卵豆腐。やさしい風味で体にしみわたります。

[材料(2人分)]

卵	2個(100g)
A だし汁	1カップ
薄口しょうゆ・みりん・酒・砂糖	各小さじ½
塩	少々
三つ葉	適量

[作り方]

1 ボウルに卵を割りほぐし、Aを加えて混ぜる。ざるでこして耐熱容器に流し入れ、アルミホイルでふたをする。

2 蒸気の上がった蒸し器に1を入れ、ふたを少しずらしてのせて弱火で20分蒸す。

3 三つ葉はさっとゆでて水気を絞り、丸めてひと結びし、2にのせる。

▶1人分 79kcal／たんぱく質6.4g／脂質5.1g／塩分0.6g

たんぱく質もとれるヘルシー副菜
春菊のピーナッツ白和え

白和えのころもにピーナッツバターを加えて、コクと香りをアップ。春菊の代わりにほうれん草や小松菜でも。

[材料(2人分)]

春菊	100g
にんじん	10g
木綿豆腐	⅛丁(60g)
A ピーナッツバター・しょうゆ	各小さじ½
砂糖	小さじ1

[作り方]

1 春菊は3cm長さに切る。にんじんは3cm長さのせん切りにする。

2 鍋に湯を沸かし、にんじんをゆでる。やわらかくなったら春菊を加えてさっとゆでる。ざるにあげてさます。

3 ボウルに水気をきった豆腐を入れ、手で細かくつぶす。Aを加えてなめらかになるまでよく混ぜる。水気をきった2を加えて混ぜ合わせる。

▶1人分 50kcal／たんぱく質3.7g／脂質2.4g／塩分0.4g

豆腐ひじきハンバーグ献立

ラタトゥイユソースの彩りがきれいな豆腐ハンバーグが主役。サラダとスープを添えればカフェ風のヘルシーごはんに。パンでもご飯でも合う組み合わせです。

野菜たっぷりの
ソースをかけて。
彩りも華やかな
ハンバーグです

食物繊維が多いきのこのスープ
ほっこりきのこの豆乳スープ

きのこは水溶性食物繊維が豊富。腸の調子を整える効果があります。生クリームを少し加えるとコクがアップ。

[材料(2人分)]

しめじ	⅕パック(20g)
えのきだけ	⅕袋(20g)
水煮マッシュルーム	3個(50g)
ベーコン	1枚(20g)
バター	小さじ½
A 顆粒コンソメ	小さじ½
無調整豆乳	1カップ
生クリーム	小さじ2

[作り方]

1 しめじ、えのきは石づきを取り、2cm長さに切る。マッシュルームは4等分の薄切りにする。ベーコンは5mm幅に切る。

2 フライパンに弱火でバターを溶かし、中火にして1を2分ほど炒める。

3 鍋にAを入れて中火にかけ、煮立ったら2を加える。生クリームを加えてひと煮立ちさせる。

▶1人分 107kcal／たんぱく質6.7g／脂質7.8g／塩分0.8g

ドレッシングでさっと和えて
トマツナサラダ

小松菜は野菜の中でもカルシウムが豊富で、骨活には重宝する食材。さっとゆでて食感を残しましょう。

[材料(2人分)]

ミニトマト	2個(20g)
ツナ缶(オイル漬)	⅓缶(25g)
小松菜	100g
A しょうゆ	小さじ1と½
酢	小さじ2
オリーブ油	小さじ1

[作り方]

1 小松菜はたっぷりの湯でゆで、水にさらす。水気を絞り、3～4cm長さに切る。ミニトマトはくし形に切る。

2 ボウルに油をきったツナ、Aを入れて混ぜ、1を加えてさっと和える。

▶1人分 65kcal／たんぱく質3.4g／脂質4.8g／塩分0.8g

鶏ひき肉と豆腐でヘルシーに
豆腐ひじきハンバーグ

鶏ひき肉、豆腐、ひじきと、ローカロリー素材を合わせたヘルシーハンバーグ。多めに作って冷凍しても。

[材料(2人分)]

木綿豆腐	½丁(150g)	グリーンアスパラガス	2本(40g)
鶏ひき肉	70g	B ズッキーニ	⅒本(20g)
玉ねぎ	¼個(50g)	なす	¼本(20g)
乾燥ひじき	大さじ2(6g)	玉ねぎ	⅙個(30g)
植物油	大さじ1	セロリ	⅒本(10g)
A パン粉	大さじ2	赤・黄パプリカ	各⅛個(各10g)
卵	½個(25g)	にんにく	少々
塩・こしょう	各少々	オリーブ油	小さじ1
おろししょうが	小さじ½	カットトマト缶	60g
にんじん	⅓本(50g)	C 塩・こしょう・顆粒コンソメ	各少々

[作り方]

1 豆腐は水きりし、玉ねぎはみじん切りにする。ひじきは水でもどし水気をきる。

2 フライパンに植物油大さじ½を中火で熱し、玉ねぎを炒める。しんなりしたら火を止めて粗熱を取る。

3 ボウルにひき肉、豆腐、ひじき、2、Aを入れて軽く混ぜ合わせる。4等分の小判形に成形する。

4 フライパンに植物油大さじ½を中火で熱し、3を並べ入れる。両面に焼き色がついたらふたをして、弱火で5分ほど蒸し焼きにし、器に盛る。

5 つけ合わせのにんじんはくし形切りにし(面取りしてもよい)、グリーンアスパラは根元を切り落として半分に切る。それぞれ耐熱皿にのせ、ラップをかけて電子レンジでにんじんは5分、アスパラは2分加熱する。ハンバーグに添える。

6 ラタトゥイユソースを作る。Bの野菜は1cm角に切り、にんにくはつぶす。鍋にオリーブ油、にんにくを入れて弱火にかけ、香りが出てきたら中火にしてBを加えて炒める。

7 野菜がしんなりしてきたらトマト缶を加え、ふたをして5分ほど蒸し煮にする。野菜から水分が出てきたらCを加えて味をととのえ、ハンバーグにかける。

▶1人分 261kcal／たんぱく質15.4g／脂質17.6g／塩分1.1g

$\mathcal{2}$nd
weekly menu

DAY *1*　赤魚のみそ焼き献立　▶ P.32
赤魚のみそ焼き／彩り野菜の白和え／
かぼちゃまんじゅうのあんかけ／ご飯

DAY *2*　牛肉のトマトスープ献立　▶ P.36
牛肉のトマトスープ／じゃがビーンズサラダ／
ペペロンチーノ

DAY *3*　あじのレモンマリネ献立　▶ P.38
あじのレモンマリネ／スイートポテトサラダ／
カポナータ／バゲット

DAY *4*　鶏肉の和風おろし献立　▶ P.40
鶏肉の和風おろし／桜えびとれんこんのサラダ／
切干大根と豆苗のごちそうスープ／キムチ炒飯

DAY *5*　かれいのねぎしそ焼き献立　▶ P.44
かれいのねぎしそ焼き／しんびき揚げ／
白菜ロール ポン酢ジュレがけ／ご飯

DAY *6*　ハンバーグステーキ献立　▶ P.46
ハンバーグステーキ／春雨の中華サラダ／
コンソメスープ／ご飯

赤魚のみそ焼き献立

田楽みそを塗って焼く、ひと手間かけた魚メニュー。いつもの焼き魚に飽きたら、ぜひお試しを。
副菜も2品添えて、栄養バランスを整えます。

やさしい味わいに
ホッと落ち着く和風献立

練りごまを加えて味わい深く

赤魚のみそ焼き

不足しがちなビタミンやミネラルを含む練りごまを、田楽みそにプラス。抗酸化作用も期待できます。

[材料(2人分)]

赤魚(切り身)	2切れ(160g)
塩	少々
大根	1.5cm(60g)
にんじん	3cm(30g)
ほうれん草	60g
A 西京みそ	大さじ1
白練りごま	大さじ1
砂糖	小さじ2
しょうゆ	小さじ1
みりん	大さじ1
おろししょうが	少々
だし汁	1カップ
B 薄口しょうゆ・みりん	各小さじ⅔

[作り方]

1 赤魚は皮目を下にして軽く塩をふり、冷蔵室で30分ほどおいて水気を拭く。大根、にんじんは半月切りにする。ほうれん草はゆでて水気を絞り、5cm長さに切る。

2 田楽みそを作る。小鍋に**A**を入れて混ぜ、ごく弱火にかける。混ぜながらとろりとするまで煮つめる。

3 別の小鍋にだし汁、大根、にんじんを入れて中火にかけ、煮立ったら**B**を加えてやわらかくなるまで10分ほど煮る。ほうれん草を加え、ひと煮立ちさせる。

4 オーブンの天板に赤魚の皮目を上にして並べ、210℃で6分ほど焼く。皮目が少し色づいたら取り出して**2**を塗り、さらに5〜6分焼く。器に盛り、**3**を添える。

▶1人分 203kcal／たんぱく質17.8g／脂質7.7g／塩分1.6g

なめらかな口当たり

彩り野菜の白和え

野菜の加熱は電子レンジなので簡単。豆腐はしっかり水きりすると、仕上がりが水っぽくなりません。

[材料(2人分)]

絹ごし豆腐	⅓丁(100g)
にんじん	2cm(20g)
さつまいも	20g
小松菜	50g
A 白練りごま	小さじ2
薄口しょうゆ・砂糖	各小さじ½

[作り方]

1 にんじん、さつまいもは皮ごと短冊切りにして耐熱皿にのせ、ラップをかけて電子レンジで3分加熱する。小松菜は3cm長さに切って耐熱皿にのせ、電子レンジで1分加熱する。それぞれさます。

2 ボウルに水気を切った豆腐を入れ、泡立て器などで崩しながらAを加えて混ぜる。水気をきった1を加えて和える。

▶1人分 84kcal／たんぱく質4.2g／脂質4.9g／塩分0.3g

肉だんご入りで食べごたえ満点

かぼちゃまんじゅうのあんかけ

煮汁のあんにゆずなどの柑橘を加えたり、好みでおろししょうがを添えても。

[材料(2人分)]

かぼちゃ(皮をむく)	⅛個(150g)
絹さや	4枚(8g)
A だし汁	¾カップ
砂糖	小さじ1
塩	少々
片栗粉	適量
鶏むねひき肉	40g
B 酒	小さじ1
パン粉	少々
片栗粉	小さじ⅔
C だし汁	¾カップ
酒・みりん	各大さじ½
薄口しょうゆ	大さじ½
揚げ油	適量
片栗粉(同量の水で溶く)	小さじ1

[作り方]

1 かぼちゃはひと口大に切る。絹さやはゆでて水にさらす。

2 鍋にA、かぼちゃを入れて中火にかけ、やわらかくなるまで10～15分煮る。かぼちゃを取り出してフォークなどでつぶし、片栗粉小さじ1を加えて練る。粗熱が取れたら4等分にして丸める。

3 ボウルにひき肉、Bを入れてよく練り混ぜ、4等分にして丸める。

4 鍋にCを入れて中火にかけ、煮立ったら3を加えて1分ほど煮る(煮汁は残しておく)。

5 広げたラップ1枚に2を1つのせ、手のひらでつぶして平たくする。4を1つのせてラップごと茶巾に絞り、形を整えて片栗粉大さじ½をまぶす。残りも同様にして作る。

6 鍋に揚げ油を180～200℃に熱し、5を1分ほど揚げて器に盛る。

7 4の煮汁に水溶き片栗粉を加えてとろみをつける。6にかけ、絹さやを添える。

▶1人分 169kcal／たんぱく質6.5g／脂質6.7g／塩分1.0g

DAY

2

牛肉のトマトスープ献立

主食はペペロンチーノ。具材を入れないので、主菜を兼ねたスープと副菜で肉や野菜を補い、栄養バランスを整えます。ランチにもおすすめ！

"肉メインのスープに豆のサラダを添えたバランスパスタ献立"

にんにくが香るシンプルパスタ

ペペロンチーノ

にんにく、唐辛子、塩だけで味つけする究極のシンプルパスタ。麺をゆでている間に他の料理を仕上げましょう。

[材料(2人分)]

スパゲティ	160g
塩	適量
にんにく	1片
赤唐辛子の小口切り	1g
水菜	40g
オリーブ油	大さじ1
こしょう	少々

[作り方]

1 スパゲティは袋の表示どおりに（湯の0.5%程度の塩を入れる）ゆでる。にんにくは薄切りにし、水菜は3cm長さに切る。

2 フライパンにオリーブ油、にんにく、赤唐辛子を入れて弱火にかけ、香りが出てきたら1のゆで汁大さじ4を加えて混ぜる。中火にし、水気をきったスパゲティを加えてからめ、塩少々、こしょうで味をととのえる。器に盛り、水菜をのせる。

▶1人分 394kcal／たんぱく質11.0g／脂質13.5g／塩分1.0g

さっと作れる簡単スープ

牛肉のトマトスープ

トマト缶を使うので、意外に簡単。赤ワインとケチャップで味に深みを加えます。

[材料(2人分)]

牛もも薄切り肉	160g
玉ねぎ	½個(100g)
オリーブ油	小さじ2
A カットトマト缶	⅓缶(120g)
赤ワイン	大さじ2
水	1カップ
B トマトケチャップ	大さじ2
顆粒コンソメ	小さじ1
塩・こしょう	各少々
乾燥パセリ	適量

[作り方]

1 牛肉は食べやすい大きさに切る。玉ねぎはくし形に切る。

2 鍋にオリーブ油を中火で熱し、1を炒める。肉の色が変わったらAを加えて15分煮る。Bを加えて味をととのえる。

3 器に盛り、パセリをふる。

▶1人分 285kcal／たんぱく質16.8g／脂質19.2g／塩分1.4g

コロコロ野菜で食べごたえあり

じゃがビーンズサラダ

食物繊維やビタミンCもとれるサラダ。じゃがいもと豆のホクホクした食感が楽しめます。

[材料(2人分)]

じゃがいも	½個(70g)
ミックスビーンズ	40g
かに風味かまぼこ	2本(20g)
塩・こしょう	各少々
好みのドレッシング	小さじ2

[作り方]

1 じゃがいもは1cm角に切る。耐熱皿に並べてラップをかけ、電子レンジで2分加熱してさます。

2 ミックスビーンズは水気をきる。かに風味かまぼこは半分に切ってほぐす。

3 ボウルに1、2を入れて和え、塩、こしょうをふる。器に盛り、ドレッシングをかける。

▶1人分 82kcal／たんぱく質4.2g／脂質3.4g／塩分0.5g

あじのレモンマリネ献立

マリネのさわやかな酸味、かぼちゃや煮込んだ野菜のやさしい甘みをバランスよく味わえる組み合わせ。目からもおいしさを感じられる献立です。

レモンを効かせて減塩

あじのレモンマリネ

油で揚げたあじも、マリネ液につければさっぱり風味。青魚の良質な脂をとれる洋風おかずです。

[材料(2人分)]

あじ(切り身)	2切れ(160g)
紫玉ねぎ	¼個(40g)
赤パプリカ	¼個(20g)
ピーマン	½個(30g)
A 酢	大さじ1と½
砂糖	大さじ1
塩	少々
レモン果汁	小さじ2
塩・こしょう	各少々
小麦粉	大さじ1
揚げ油	適量

[作り方]

1 紫玉ねぎ、パプリカ、ピーマンはそれぞれ横薄切りにして水にさらし、水気をきる。

2 ボウルにAを入れて混ぜ、1を加えて和える。

3 あじは1切れを半分に切り、塩、こしょうをふり、小麦粉をまぶす。

4 鍋に揚げ油を180℃に熱し、3を揚げる。油をきって2に加え、30分ほど漬ける。器に盛り、好みでいちょう切りにしたレモンを飾る。

▶1人分 182kcal／たんぱく質16.6g／脂質8.6g／塩分0.4g

多めに作って作りおきにしても

カポナータ

カポナータはイタリアの郷土料理。隠し味にバルサミコ酢を加えて風味をアップします。

[材料(2人分)]

ズッキーニ	⅕本(40g)	A カットトマト缶	80g
なす	½本(40g)	白ワイン	大さじ2
にんじん	5cm(50g)	バルサミコ酢・砂糖	各小さじ1
玉ねぎ	¼個(50g)	顆粒コンソメ	小さじ½
じゃがいも	⅓個(50g)	塩・こしょう	各少々
にんにく	1片		
オリーブ油	小さじ1		

[作り方]

1 ズッキーニ、なす、にんじん、玉ねぎ、じゃがいもは1～1.5cmの角切りにする。にんにくはみじん切りにする。

2 耐熱皿ににんじん、じゃがいもをのせ、ラップをかけて電子レンジで2分加熱する。

3 鍋にオリーブ油を弱火で熱し、にんにくを炒める。香りが出てきたら中火にしてズッキーニ、なす、玉ねぎ、2を加え、全体に油がまわったらAを加え、弱めの中火で5分ほど煮る。器に盛り、好みでちぎったバジルの葉を散らす。

▶1人分 93kcal／たんぱく質1.9g／脂質2.3g／塩分0.6g

さつまいもの甘みがやさしい

スイートポテトサラダ

さつまいものほっこりした食感とやさしい甘みが味わえます。バゲットにのせて食べるのもおすすめ。

[材料(2人分)]

さつまいも	100g
きゅうり	⅕本(20g)
塩	少々
ロースハム	½枚(10g)
マヨネーズ	大さじ1と½
粗びき黒こしょう	少々

[作り方]

1 さつまいもはさいの目に切り、耐熱皿にのせてラップをかけ、電子レンジで2分加熱する。

2 きゅうりは輪切りにし、塩でもんで3分ほどおく。ハムは短冊切りにする。

3 ボウルに1、水気を絞ったきゅうり、ハム、マヨネーズを入れて和える。器に盛り、粗びき黒こしょうをふる。

▶1人分 135kcal／たんぱく質1.6g／脂質7.8g／塩分0.3g

レモン風味のマリネで、
揚げものもさっぱりいただけます

野菜もたっぷり。
炒飯で目先を変えて

大根おろしあんでさっぱりいただく

鶏肉の和風おろし

鶏肉は蒸すとしっとりジューシーな仕上がりに。消化吸収を助ける大根おろしをたっぷりのせてどうぞ。

[材料（2人分）]

鶏もも肉（皮なし）	⅔枚（160g）
A 塩	少々
酒	小さじ1
大根おろし	3cm分（120g）
長ねぎ	⅓本（40g）
なす	1本（80g）
赤パプリカ	¼個（20g）
かぼちゃ	40g
水	½カップ
白だし	小さじ2
片栗粉（同量の水で溶く）	小さじ½
おろししょうが	少々
植物油	適量

[作り方]

1 鶏肉は食べやすい大きさに切り、**A**をふる。蒸気の上がった蒸し器に入れ、弱火で15〜20分蒸す。

2 長ねぎは粗みじん切りにする。なす、パプリカ、かぼちゃはそれぞれ1cm幅に切る。

3 鍋に水を入れて中火にかけ、煮立ったら白だしを加える。水溶き片栗粉を加え、とろみがついたら火を止め、大根おろし、長ねぎ、しょうがを加えて混ぜる。

4 フライパンに植物油を中火で熱し、なす、パプリカ、かぼちゃを焼く。

5 器に**1**、**4**を盛り、**3**をかける。

▶1人分 175kcal／たんぱく質16.8g／脂質8.2g／塩分0.9g

DAY 4 # 鶏肉の和風おろし献立

さっぱりとした鶏肉の主菜に、ガツンとパンチのあるキムチ炒飯を合わせました。サラダやスープも添えて、ボリュームたっぷり。おなかぺこぺこでも大満足間違いなし！

パラパラの本格的な味わい

キムチ炒飯

炒める前に溶き卵をご飯に混ぜておくと、失敗なくパラパラ炒飯に。キムチと韓国のりの風味が食欲をそそります。

[材料(2人分)]

豚もも肉	20g
白菜キムチ	80g
ご飯	茶碗2杯分（300g）
長ねぎ	⅙本（20g）
卵	2個
塩・こしょう	各適量
植物油	大さじ2
韓国のり	1枚

[作り方]

1 豚肉は1cm角に切る。長ねぎはみじん切りにし、ペーパータオルで水気を取る。

2 フライパンに植物油小さじ1を中火で熱し、豚肉を炒める。肉に火が通ったら取り出す。白菜キムチは耐熱皿にのせ、ラップをかけて電子レンジで15秒ほど加熱する。軽く汁気をきる。

3 大きめのボウルに卵を割りほぐし、塩、こしょう各少々を加えて混ぜる。ご飯を加えてからめる。

4 フライパンに植物油大さじ1と⅔を熱し、弱めの中火で3を炒める。パラパラになったら長ねぎを加えて炒める。2を加えて炒め合わせ、塩、こしょうで味をととのえる。器に盛り、ちぎった韓国のりをのせる。

▶1人分 439kcal／たんぱく質13.2g／脂質18.0g／塩分1.4g

ウスターソースが隠し味

桜えびとれんこんのサラダ

食物繊維が豊富な根菜サラダ。香ばしい桜えび、マヨソースに加えたウスターソースで、味わいに深みが出ます。

[材料(2人分)]

れんこん	70g	A マヨネーズ	大さじ1
ごぼう	4cm(20g)	ウスターソース	小さじ1
水菜	20g	塩・こしょう	各少々
乾燥桜えび	1g		

[作り方]

1 れんこんは薄い半月切り、ごぼうは4cm長さの細切りにしてそれぞれ水にさらす。7〜8分ゆでて水にさらし、水気をきる。

2 水菜、桜えびはさっとゆでて水気をきる。

3 ボウルに**2**、**A**を入れて和える。

▶1人分 76kcal／たんぱく質1.5g／脂質4.6g／塩分0.4g

切干大根のうまみで味わう

切干大根と豆苗の
ごちそうスープ

さっと火を通した切干大根は、パリッとした食感を楽しめます。

[材料(2人分)]

切干大根	10g	A 顆粒中華だし	小さじ½
豆苗	20g	しょうゆ	小さじ1
ごま油	大さじ½	塩・こしょう	各少々
絹ごし豆腐	⅓丁(100g)	白いりごま	適量
水	1と½カップ		

[作り方]

1 切干大根は水でもどして食べやすい長さに切る。豆苗は根元を落とし、半分に切る。

2 フライパンにごま油を中火で熱し、切干大根を炒める。水、豆苗を加え、手で豆腐を崩し入れる。ひと煮立ちしたら**A**を加えて調味する。器に盛り、白いりごまをふる。

▶1人分 78kcal／たんぱく質3.9g／脂質5.1g／塩分0.8g

香ばしい焼き魚に
野菜小鉢を添えて、
充実した和食献立に

かれいのねぎしそ焼き献立

ねぎみその長ねぎ、副菜の白菜やほうれん草と、ビタミン豊富なメニューを
そろえることで、風邪知らずの健康な体づくりにつながります。

DAY
5

香ばしいみその風味と青じその香りがマッチ

かれいのねぎしそ焼き

ほどよく脂ののったかれいは、甘辛のねぎみそを塗って焼くだけ。ねぎはビタミンC豊富で風邪予防にも効果的。

[材料(2人分)]

からすかれい(切り身)	2切れ(160g)
塩	適量
長ねぎ	¼本(30g)
青じそ	2枚
ブロッコリー	2房(40g)
玉ねぎ	⅛個(40g)
A みそ	小さじ2
みりん・砂糖	各小さじ1
酒	小さじ½
植物油	小さじ2
こしょう	少々

[作り方]

1 かれいは1切れを半分に切って塩少々をふり、30分ほどおいて水気を拭く。長ねぎは粗みじん切り、青じそは⅔をせん切り、残りをみじん切りにする。ブロッコリーは小房に分ける。玉ねぎは繊維を断つように1cm幅に切る。

2 ボウルに長ねぎ、みじん切りにした青じそ、**A**を入れてよく混ぜ合わせる。

3 オーブンの天板にかれいを並べ、160℃のオーブンで10分焼く。取り出して**2**を片面に塗り、さらに3分焼く。

4 フライパンに植物油を弱火で熱し、玉ねぎを入れる。塩少々、こしょうをふって、焼き色がつくまで炒める。ブロッコリーは塩ゆでにし、水気をきる。

5 器に**3**を盛り、せん切りにした青じそをのせて**4**を添える。

▶1人分 216kcal／たんぱく質13.6g／脂質14.5g／塩分1.1g

44

ひと手間かけるだけでお店のような仕上がり

白菜ロール ポン酢ジュレがけ

ポン酢だれをジュレ仕立てにすると、たれのかけすぎも防げて、
減塩効果もバッチリ。

[材料（2人分）]

白菜	60g
豚バラ肉	40g
ほうれん草	30g
粉ゼラチン	0.5g
水	小さじ⅓
A ポン酢しょうゆ・だし汁	各大さじ1

[作り方]

1 ポン酢ジュレを作る。小さめの耐熱容器に粉ゼラチン
を入れ、水を加えて溶かす。ラップをかけずに電子レ
ンジで30秒加熱し、Aを加えて混ぜる。冷蔵室で15
～20分冷やし固める。

2 豚肉はさっとゆで、水気をきってさます。白菜、ほうれ
ん草はゆでて半分に切り、水にさらして水気をきる。

3 巻きすに白菜（巻きすに対し横向き）、ほうれん草、豚
肉の順にのせ、端から巻いて形を整える。ひと口大に
切って器に盛り、まわりに1をかける。好みでいちょう
切りにしたレモンを添える。

▶1人分 93kcal／たんぱく質3.8g／脂質8.1g／塩分0.7g

ぶぶあられの彩りがかわいい

しんびき揚げ

本来はもち米を原料とする新引き粉を使いますが、粒あられを使ってアレンジ。ほうれん草はゆでて氷水にさらすと色鮮やかに仕上がります。

[材料（2人分）]

じゃがいも	⅔個（100g）	ほうれん草	40g
塩	少々	むきえび	30g
A 卵白	20g	B だし汁	大さじ4
片栗粉	大さじ1	薄口しょうゆ	小さじ⅔
小麦粉	大さじ1	みりん	小さじ⅔
溶き卵	½個分（25g）	片栗粉（同量の水で溶く）	
五色あられ	6g		小さじ1
揚げ油	適量		

[作り方]

1 じゃがいもは薄切りにして耐熱皿にのせ、ラップをかけて電子
レンジで3分加熱する。竹串が刺さるくらいにやわらかくなっ
たら塩をふり、裏ごしする。Aを加えて混ぜ、4等分にして丸
める。小麦粉、溶き卵、あられの順にころもをつける。

2 鍋に揚げ油を170℃に熱し、1を5分揚げる。

3 ほうれん草はゆでて氷水にさらし、水気をきって5cm長さに切
る。えびはゆでて水気をきる。

4 鍋にBを入れて弱火にかけ、煮立ったら水溶き片栗粉を加え
てとろみをつける。

5 器に2、3を盛り、4をかける。

▶1人分 197kcal／たんぱく質7.1g／脂質10.5g／塩分0.5g

ハンバーグステーキ献立

家庭料理の定番といえば、ダントツ人気のハンバーグ。サラダとスープを添えれば、お店みたいな雰囲気を楽しめます。笑顔で囲む食卓にぴったりの献立ですね。

いろいろな食感が楽しめる

春雨の中華サラダ

春雨、きくらげ、きゅうりと食感の違う食材を組み合わせて。さっぱりした味つけで、箸休めにぴったり。

[材料(2人分)]

乾燥春雨	20g
乾燥きくらげ	1.5g
きゅうり	⅓本(30g)
ハム	1枚(10g)
A 酢・しょうゆ	各小さじ½
砂糖・ごま油	各小さじ½
白いりごま	適量

[作り方]

1 春雨は水でもどし、たっぷりの湯で袋の表示どおりにゆでる。きくらげはぬるま湯でもどし、30秒～1分ゆでてざるにあげ、水気をきって5mm幅に切る。きゅうりは細切りにし、ハムは5mm幅に切る。

2 ボウルにAを入れて混ぜ、1を加えて和える。

▶1人分 62kcal／たんぱく質1.2g／脂質1.8g／塩分0.3g

野菜の栄養を手軽にとれる

コンソメスープ

どんな野菜とも相性のいいコンソメ仕立て。冷蔵庫に余っているハンパ野菜を加えてもOKです。

[材料(2人分)]

キャベツ	50g
にんじん	⅕本(40g)
玉ねぎ	⅕個(40g)
ベーコン	1枚(10g)
水	1と⅕カップ
A 顆粒コンソメ	小さじ½
塩・こしょう	各少々

[作り方]

1 キャベツは2cm幅のざく切り、にんじんは薄いいちょう切りにする。玉ねぎは1cm角に切り、ベーコンは5mm幅の細切りにする。

2 鍋に水を入れて中火にかけ、1を加えて7～10分ゆでる。野菜がやわらかくなったらAを加えて味をととのえる。

▶1人分 33kcal／たんぱく質1.5g／脂質1.1g／塩分0.9g

ハンバーグは多めに作って冷凍しても

ハンバーグステーキ

赤ワインを加えて煮つめた濃厚ソースが味の決め手。本格的な味わいに家族も喜ぶこと、間違いなし！

[材料(2人分)]

合いびき肉	180g
玉ねぎ	⅙個(30g)
にんじん	2cm(20g)
A 溶き卵	½個分(20g)
パン粉	大さじ1
牛乳	大さじ5
塩・こしょう	各少々
植物油	適量
B トマトケチャップ・赤ワイン	各大さじ2
ウスターソース・砂糖	各小さじ1
しょうゆ・顆粒コンソメ	各小さじ½
水	大さじ2
ブロッコリー	4房(60g)

[作り方]

1 玉ねぎはみじん切りにして耐熱容器に入れる。ラップをかけて電子レンジで30秒加熱し、粗熱を取る。にんじんは5mm幅の輪切りにする。

2 ボウルにひき肉を入れてよく練り混ぜる。玉ねぎ、Aを加えてまとまるまで練り混ぜ、2等分にしてだ円形にまとめる。キャッチボールをするようにして空気を抜きながら形を整える。中央部分を軽く押さえてくぼませる。

3 フライパンに植物油を中火で熱し、2のくぼませた面を上にして入れ、3分ほど焼く。焼き目がついたら上下を返し、水大さじ1(分量外)を加える。弱火にしてふたをし、竹串を刺して透明な汁が出るまで7～10分蒸し焼きにして取り出す。

4 3のフライパンにBを入れて混ぜ、中火で3分ほど火を通す。とろみがついたら火から下ろす。にんじん、ブロッコリーはそれぞれ耐熱容器に入れ、ラップをかけて電子レンジで1分30秒加熱する。

5 器に3を盛り、4のソースをかけて野菜を添える。

▶1人分 337kcal／たんぱく質21.6g／脂質21.8g／塩分1.7g

"洋食屋さんで食べるような
本格ソースが味わい深く

3rd
weekly menu

DAY 1
鶏の和風香味焼き献立 ▶ P.50
鶏の和風香味焼き／根菜のゆず風味みそ和え／
ほうれん草のおすまし／梅と枝豆の混ぜご飯

DAY 2
さわらのふくさ焼き献立 ▶ P.52
さわらのふくさ焼き／豆腐の2色田楽／
彩りなます／ご飯

DAY 3
タンドリーチキンカツ献立 ▶ P.54
タンドリーチキンカツ／長いものスフレ／
大根じゃこサラダ／ご飯

DAY 4
鮭のとろろ蒸し献立 ▶ P.56
鮭のとろろ蒸し／えび香る豆腐あん／
そうめん汁／さつまいもご飯

DAY 5
蒸し鶏の温野菜添え献立 ▶ P.60
蒸し鶏の温野菜添え／厚揚げのとろとろそぼろあん／
カステラいも／ご飯

DAY 6
魚介たっぷりパエリア風献立 ▶ P.62
魚介たっぷりパエリア風炊き込みご飯／
かぶのまろやかポタージュ／シャキシャキサラダ

鶏の和風香味焼き献立

根菜、葉もの、豆と野菜をたっぷり使ったヘルシーごはん。
食べすぎが続いてしまったときのリセットごはんとしてもおすすめの組み合わせです。

野菜たっぷり。
さっぱりとした味わいの
彩り豊かな定番和食

白みその甘みがやさしい味わい
根菜のゆず風味みそ和え

ゆず皮のほろ苦い風味をアクセントに加えることで、味に奥行きが出て、おいしくいただけます。

[材料(2人分)]

大根	2cm(80g)
にんじん	2cm(20g)
貝割れ菜	20g
A 白みそ	小さじ2
みりん	小さじ2
砂糖	小さじ1
ゆず皮粉末	適量

[作り方]

1 大根、にんじんは細切りにし、軽くゆでてざるにあげ、水気をきる。貝割れ菜は根を切ってよく洗う。

2 小鍋にAを入れて中火にかけ、ふつふつとしたら火からおろしてさまし、ゆず皮粉末を加えて混ぜる。

3 ボウルに大根、にんじん、2を入れて和える。器に盛り、貝割れ菜をのせる。

▶1人分 43kcal／たんぱく質1.2g／脂質0.5g／塩分0.8g

手まり麩がかわいらしい!
ほうれん草のおすまし

鉄分やビタミン類も豊富なほうれん草。さっとゆでれば熱に弱いビタミンの喪失も最小限に抑えられます。

[材料(2人分)]

ほうれん草	20g
A 水	1と⅛カップ
和風顆粒だしの素	小さじ½
薄口しょうゆ	小さじ½
塩	少々
手まり麩	6個

[作り方]

1 ほうれん草は熱湯でゆでて、冷水にさらす。水気を絞り、食べやすい長さに切る。

2 鍋にAを入れて中火にかけ、煮立ったら薄口しょうゆ、塩で味をととのえる。

3 器に1、麩を入れて2を注ぐ。

▶1人分 13kcal／たんぱく質1.1g／脂質0.1g／塩分0.8g

香ばしいねぎの香りがアクセント
鶏の和風香味焼き

長ねぎの香味ソースでご飯がすすみます。つけ合わせの野菜は焼くだけなので、お好みのものに替えてもOK。

[材料(2人分)]

鶏むね肉	⅔枚(160g)	にんじん	2cm(20g)
長ねぎ	⅓本(40g)	しめじ	½パック(50g)
A しょうゆ・酒		ししとう	4本(40g)
	各小さじ1	青じそ	2枚
みりん・砂糖		植物油	小さじ1
	各小さじ1	白いりごま	適量
しいたけ	2個(20g)		

[作り方]

1 ポリ袋にA、鶏肉を入れて冷蔵室に30分ほどおく。

2 長ねぎはみじん切りにする。しいたけは石づきを取り、かさに十字の切り目を入れる。にんじんは短冊切りにし、しめじは小房に分ける。ししとうは爪楊枝で穴をあける。青じそはせん切りにする。

3 フライパンに植物油小さじ½を中火で熱し、1を焼く。中まで火が通ったら長ねぎを加え、弱火にして香りが出るまで焼く。鶏肉を食べやすい大きさに切り、器に盛る。青じそをのせ、白いりごまをふる。

4 フライパンの汚れを拭いて植物油小さじ½をたし、にんじん、ししとう、しいたけ、しめじを中火で焼く。焼き色をつけながら火を通し、鶏肉に添える。

▶1人分 172kcal／たんぱく質19.1g／脂質8.6g／塩分0.6g

きれいな彩りで食欲アップ
梅と枝豆の混ぜご飯

梅干しのほのかな酸味と塩味を、調味料代わりに使います。さっぱりとした味わいで、お弁当などにもおすすめ。

[材料(2人分)]

ご飯	茶碗2杯分(300g)	梅干し	1個
枝豆	正味30g	白いりごま	小さじ1

[作り方]

1 枝豆は熱湯で5分ゆでる。ざるにあげて水気をきり、さやから実を取り出す。

2 梅干しは種を除き、細かくたたく。

3 ボウルにご飯、1、2を入れて混ぜる。器に盛り、白いりごまをふる。

▶1人分 260kcal／たんぱく質5.7g／脂質1.9g／塩分0.5g

"良質なたんぱく質が
とれる組み合わせ。
心休まる素朴な味わい"

さわらのふくさ焼き献立

地味になりがちな焼き魚に、野菜やきのこをプラスしてボリュームアップ。豆腐田楽やシャキシャキ野菜の酢のものを合わせて、目にも楽しい和食献立に仕上げます。

野菜と卵がたっぷり

さわらのふくさ焼き

1品でたんぱく質、食物繊維がとれ、見た目も華やか。さわら以外にもいろいろな魚でアレンジできます。

[材料(2人分)]

さわら(切り身)	植物油 ………… 小さじ½
……… 2切れ(160g)	B マヨネーズ
A 塩 ………… 少々	……… 小さじ1と½
酒 ………… 小さじ1	砂糖 ……… 小さじ⅔
にんじん … 2cm(20g)	しょうゆ … 小さじ1
絹さや … 10枚(20g)	みりん … 小さじ½
しめじ … ⅕パック(20g)	だし汁 … 大さじ1
しいたけ … 3個(30g)	卵 ………… 1個(50g)

[作り方]

1 さわらはAをふって15分ほどおき、水気を拭く。

2 にんじん、絹さやはせん切りにする。きのこは石づきを取り、しめじはほぐす。しいたけは薄切りにする。

3 鍋に植物油を中火で熱し、**2**をさっと炒める。**B**を加え、弱火にして1～2分ほど火を通す。溶いた卵を加え、半熟状に火を通して**1**にのせる。

4 魚焼きグリルに**3**を並べ、中火で10分ほど焼く。

▶1人分 218kcal／たんぱく質20.6g／脂質13.7g／塩分0.8g

シャキシャキとした食感を楽しむ

彩りなます

さっぱりした酢のものは箸休めにぴったり。かに風味かまぼこの彩りときくらげの食感をアクセントに。

[材料(2人分)]

大根	2cm(80g)
きゅうり	⅓本(30g)
乾燥きくらげ	2枚(2g)
A 酢	大さじ½
砂糖	小さじ1
塩	少々
かに風味かまぼこ	2本(20g)

[作り方]

1 大根、きゅうりはせん切りにする。きくらげは水でもどしてせん切りにし、1分ほどゆでる。大根はさっとゆで、ともに冷水に取り、水気をきる。

2 ボウルに**A**を入れて混ぜ、**1**、ほぐしたかに風味かまぼこを加えて和える。

▶1人分 26kcal／たんぱく質1.6g／脂質0.1g／塩分0.5g

濃厚みそだれで香ばしい

豆腐の2色田楽

みその種類はお好みでアレンジしてみて。トッピングはごまやゆず皮でもおいしい。

[材料(2人分)]

木綿豆腐 … ⅓丁(100g)	C 赤みそ … 小さじ1
青じそ ………… 1枚	砂糖 ……… 小さじ2
A だし汁 … 大さじ3	みりん … 小さじ½
薄口しょうゆ	けしの実 ………… 適量
……… 小さじ½	
B 合わせみそ … 小さじ1	
砂糖 ……… 小さじ2	
みりん … 小さじ½	

[作り方]

1 豆腐は4等分に切る。青じそはせん切りにする。

2 鍋に**A**を入れて弱火にかけ、煮立ったら豆腐を加えて2分ほど温める。

3 田楽みそ2種を作る。耐熱容器2個に**B**、**C**を入れ、ラップをかけてそれぞれ電子レンジで20～30秒加熱する。

4 **2**をオーブントースターで2分ほど焼く。**3**のみそをそれぞれのせ、軽く焦げ目がつくまでさらに2分焼く。

5 それぞれに串を刺して器に盛り、合わせみそに青じそをのせ、赤みそにけしの実をふる。

▶1人分 80kcal／たんぱく質4.5g／脂質2.8g／塩分1.0g

カレー風味のスパイシーな味わい
タンドリーチキンカツ

揚げずに少ない油で焼くことで、脂質をカット。かぼちゃは脂溶性のβ-カロテンが豊富。体内での吸収率がアップします。

[材料(2人分)]

鶏もも肉(皮なし)	⅔枚(160g)
かぼちゃ	50g
A プレーンヨーグルト	小さじ2
トマトケチャップ	小さじ4
カレー粉	小さじ1
塩	少々
パン粉	大さじ3
オリーブ油	大さじ1
サニーレタス	2枚(20g)

[作り方]

1 かぼちゃは8mm幅の薄切りにする。

2 ポリ袋にAを入れて混ぜ、鶏肉を加えてもみ込む。冷蔵室に30分ほどおき、パン粉をまぶす。

3 フライパンにオリーブ油を中火で熱し、**1**、**2**を焼く。かぼちゃに焼き色がつき、鶏肉がきつね色になったら器に盛り、ちぎったサニーレタスを添える。

▶1人分 197kcal／たんぱく質16.9g／脂質10.6g／塩分0.8g

カリカリじゃこが香ばしい
大根じゃこサラダ

カリッと炒めたじゃこがアクセント。カルシウムもとれて骨活にもなります。わかめは冷水にさらすと色鮮やかに。

[材料(2人分)]

大根	2cm(80g)
乾燥わかめ	小さじ1
貝割れ菜	⅕パック(6g)
ミニトマト	4個(40g)
ごま油	小さじ½
ちりめんじゃこ	大さじ1
サニーレタス	1枚(10g)
好みのドレッシング	大さじ1

[作り方]

1 大根はせん切りにする。わかめは水でもどしてさっとゆで、冷水にさらす。貝割れ菜は根元を落としてよく洗う。ミニトマトはくし形に切る。

2 フライパンにごま油を中火で熱し、ちりめんじゃこを炒めてカリカリにする。

3 器に食べやすくちぎったサニーレタスを敷き、**1**、**2**を盛り、ドレッシングをかける。

▶1人分 46kcal／たんぱく質2.4g／脂質2.7g／塩分0.5g

ふわふわの食感がクセになる
長いものスフレ

でき上がりはふわふわ！ たらこの塩けと焼きのりが風味を加えます。長いもは少し食感を残してもおいしい。

[材料(2人分)]

長いも	5cm(160g)
A 卵	10g
マヨネーズ	小さじ2
しょうゆ	小さじ½
たらこ	10g
刻みのり	適量

[作り方]

1 ボウルに長いもをすりおろし、**A**を加えて混ぜる。オーブンは200℃に予熱する。

2 耐熱容器に**1**を流し入れ、200℃のオーブンで15分焼く。

3 表面に焼き色がついたら取り出し、たらこ、刻みのりをのせる。

▶1人分 93kcal／たんぱく質3.8g／脂質4.0g／塩分0.5g

サクサク食感のスパイシーカツに、
ご飯がすすみます。
副菜2品でボリューミーに。

ひと手間加えた魚の主菜に
炊き込みご飯など、
やさしい味わいのごはんです

56

DAY 4

鮭のとろろ蒸し献立

鮭、さつまいも、きのこなど旬の食材をおいしく活用した、
秋の食卓におすすめの献立です。
和のおかずは渋くなりがちですが、食材が映える器づかいも楽しい！

ふわふわのとろろをのせてふっくら仕上げに

鮭のとろろ蒸し

蒸し焼きにするので、鮭はしっとりやわらかな食感に。とろろはビタミンB₁が豊富で、疲労回復に
効果があります。

[材料(2人分)]

生鮭(切り身)	2切れ(160g)
A 塩	少々
酒	小さじ1
長いも	2cm(60g)
車麩	1枚
しめじ	½パック(60g)
絹さや	6枚
卵白	1個分
酒	大さじ3
B しょうゆ	大さじ½
みりん	小さじ2
和風顆粒だしの素	小さじ½
水	½カップ
片栗粉(同量の水で溶く)	小さじ1

[作り方]

1 鮭は**A**をふって15分ほどおき、水気を拭く。長いもはすりおろす。車麩は水でもどして4等分に切る。しめじは石づきを取り、小房に分ける。絹さやは筋を取り、さっとゆでる。

2 ボウルに卵白を入れて泡立て、長いもを加えて混ぜる。

3 フライパンにクッキングシートを敷き、鮭を並べて**2**をかける。まわりに酒を加え、ふたをして10分ほど弱火で蒸し焼きにする。

4 鍋に**B**を入れて弱火にかけ、煮立ったら車麩、しめじを加えて5分ほど煮る。具材を取り出し、水溶き片栗粉を回し入れてとろみをつける。

5 器に**3**を盛り、車麩、しめじを添える。**4**のあんをかけて絹さやをのせる。

▶1人分 170kcal／たんぱく質21.5g／
脂質3.9g／塩分1.2g

えびの香ばしさで食欲をそそります

えび香る豆腐あん

カルシウム豊富で香り豊かな桜えびを使った上品な一品。レンゲであんごとすくっていただきます。

[材料(2人分)]

絹ごし豆腐	⅓丁(100g)
チンゲン菜	120g
A 鶏ガラスープの素	小さじ1
水	½カップ
乾燥桜えび	5g
片栗粉(同量の水で溶く)	大さじ1
B ごま油	小さじ½
おろししょうが	小さじ1

[作り方]

1 豆腐は半分に切る。チンゲン菜はゆでて1枚ずつひと結びする。

2 鍋にA、豆腐を入れて弱火で軽く煮る。

3 桜えびを加え、水溶き片栗粉を回し入れてとろみをつける。Bを加えて軽く混ぜる。

4 器に盛り、1のチンゲン菜をのせる。

▶1人分 71kcal／たんぱく質4.9g／脂質3.2g／塩分0.9g

彩りもかわいい秋の味覚
さつまいもご飯

食物繊維も豊富な腸活ご飯。さつまいもの甘みを生かすシンプルな味つけで、調理も簡単です。

[材料（2人分）]

米	1合（150g）
さつまいも	⅓本（50g）
酒	小さじ1
水	170㎖

[作り方]

1 米は洗って30分ほど浸水させ、ざるにあげる。さつまいもは皮ごと1cm角に切る。

2 炊飯釜に米、酒、水を入れ、さつまいもをのせて炊く。

▶1人分 268kcal／たんぱく質4.0g／脂質0.6g／塩分0.1g

だしの香りがふわり
そうめん汁

シンプルな具材だからこそ、ていねいにとっただしの香りとうまみが際立ちます。みそ汁仕立てにしてもおいしい！

[材料（2人分）]

そうめん	⅓束（20g）	A だし汁	240㎖
かまぼこ	6枚（30g）	薄口しょうゆ	小さじ½
三つ葉	1本（3g）	酒	小さじ½

[作り方]

1 かまぼこは3mm幅に切る。三つ葉は2〜3cm長さに切る。

2 鍋にAを入れて中火にかけ、ひと煮立ちさせる。

3 そうめんは袋の表示どおりにゆでて器に盛り、2を注いで1をのせる。

▶1人分 52kcal／たんぱく質3.4g／脂質0.3g／塩分1.1g

蒸し鶏の温野菜添え献立

不足しがちなたんぱく質をしっかりとれるのがうれしいごはん。体を動かした日や、筋肉が落ちがちな人にぴったりの和食献立です。

彩り野菜が目にも美しい

蒸し鶏の温野菜添え

鶏肉は蒸し焼きにすることで、油を使わずにしっとりジューシーに仕上がります。玉ねぎの甘みを生かしたソースでどうぞ。

[材料(2人分)]

鶏もも肉	⅔枚(160g)
A 酒	小さじ2
塩・こしょう	各少々
おろしにんにく	小さじ½
さやいんげん	3本(30g)
にんじん	3cm(30g)
エリンギ	2本(40g)
玉ねぎ	⅕個(40g)
B 薄口しょうゆ・水	各小さじ1と½
みりん	小さじ1
片栗粉(同量の水で溶く)	小さじ1

[作り方]

1 鶏肉は4〜5等分に切る。ポリ袋にAを入れて混ぜ、鶏肉を加えて冷蔵室に30分ほどおく。

2 さやいんげんは筋を取り、5cm長さに切る。にんじんとエリンギは5cm長さの拍子木切りにする。

3 クッキングシートに1を並べて2をのせ、ペーパーの両端をひねって包む。フライパンに入れてふたをし、中火で12分ほど蒸し焼きにし、器に盛る。

4 玉ねぎはみじん切りにし、水にさらして水気をきる。

5 フライパンに4、Bを入れて中火にかけ、ひと煮立ちさせる。水溶き片栗粉を加えてひと煮立ちさせ、とろみがついたら、3にかける。

▶1人分 195kcal／たんぱく質14.8g／脂質11.5g／塩分1.2g

ほっこり素朴な味わい

カステラいも

長崎の郷土料理。本来はさつまいもで作りますが、じゃがいもでアレンジ。裏ごしするとよりなめらか。

[材料(2人分・10×10×高さ3cmの耐熱角型1台分)]

じゃがいも	1個(150g)	A 砂糖	小さじ2
卵	2個	塩	少々
木綿豆腐	¼丁(75g)	みそ	小さじ1
小麦粉	大さじ1		

[作り方]

1 卵は卵黄と卵白に分け、卵白は冷蔵室で冷やす。じゃがいもは5mm幅の輪切りにし、水に30秒ほどさらす。

2 耐熱容器にじゃがいもを並べ、ラップをかけて電子レンジで5分加熱する。取り出して熱いうちに裏ごしする。

3 ボウルに豆腐を入れてなめらかになるまですりつぶす。卵黄、小麦粉を加えて泡立て器でよく混ぜ合わせ、Aを加えて混ぜる。オーブンは160℃に予熱する。

4 メレンゲを作る。ボウルに卵白を入れ、角が立つまで泡立てる。3の生地に3回に分けて加え、つぶさないようにさっくりと混ぜる。

5 クッキングシートを敷いた型に4を流し入れ、160℃のオーブンで30分ほど焼く(竹串を刺して生地がつく場合はさらに1〜3分焼く)。食べやすく切り分けて器に盛る。

▶1人分 170kcal／たんぱく質10.8g／脂質7.3g／塩分0.7g

ひき肉入りのあんで食べごたえアップ

厚揚げのとろとろ そぼろあん

香ばしく焼いた厚揚げに、肉のうまみをふくんだあんをからめていただきます。

[材料(2人分)]

厚揚げ	1枚(200g)	A だし汁	80mℓ
豚ひき肉	30g	薄口しょうゆ	
絹さや	6枚(12g)		小さじ1と⅓
植物油	小さじ1	みりん	小さじ1
おろししょうが		酒	小さじ⅓
	小さじ½	片栗粉(同量の水で溶く)	
			小さじ1

[作り方]

1 厚揚げは食べやすい大きさに切る。絹さやは筋を取り、さっとゆでて水気をきる。

2 フライパンに植物油を中火で熱し、ひき肉、しょうがを炒める。肉の色が変わったら厚揚げを加え、焼き目をつける。Aを加え、煮立ったら水溶き片栗粉を加えてとろみをつける。

3 器に盛り、絹さやをのせる。

▶1人分 225kcal／たんぱく質15.1g／脂質16.5g／塩分0.7g

肉、豆腐、卵と、たんぱく質が
しっかりとれてボリューム満点！

魚介たっぷりパエリア風献立

魚介をたっぷり使った豪華なパエリアは、フライパンひとつで作れるレシピ。
さわやかなりんご入りのサラダととろとろポタージュを合わせたら、まるでお店のよう!

週末は彩りきれいな
パエリア風炊き込みご飯で、
テーブルも華やかに!

魚介のうまみがしみたご飯が絶品！

魚介たっぷりパエリア風炊き込みご飯

主食と主菜が一度にとれる一品。簡単に作れるわりに見映えがよく、おもてなしにもおすすめです。

[材料（2人分）]

米	1合（150g）
たら（切り身）	小2切れ（120g）
酒	小さじ1
あさり（砂抜き済み）	7～8個（50g）
むきえび	大6～8尾（50g）
赤・黄パプリカ	各¼個（各20g）
玉ねぎ	⅒個（20g）
にんにく	1片
オリーブ油	小さじ1
塩	適量
こしょう	少々
水	1と½カップ
A ターメリック	小さじ½
顆粒コンソメ	小さじ1
バター（無塩）	小さじ1（2g）
カットトマト缶	40g

[作り方]

1 米は洗って30分ほど浸水させる。パプリカは5mm幅の細切り、玉ねぎ、にんにくはみじん切りにする。たらは塩少々、酒をふり、食べやすい大きさに切る。

2 鍋に水1カップ、あさりを入れて中火にかけ、あさりの口が開いたら取り出す。残った煮汁は粗熱を取る。

3 フライパンにオリーブ油小さじ½を中火で熱し、たらを焼いて取り出す。

4 フライパンにオリーブ油小さじ½を弱火で熱し、にんにくを炒める。香りが出てきたら玉ねぎ、パプリカ、えびを加えて中火で炒める。全体に火が通ったら塩少々、こしょうをふって取り出し、粗熱を取る。

5 フライパンに米、水½カップ、A、**2**の煮汁140mℓを入れて混ぜ、強火にかける。煮立ったら弱火にし、混ぜながら20分ほど煮る。汁気がなくなったら火を止め、ふたをして15分蒸らす。器に盛り、あさり、ほぐした**3**、**4**をのせ、好みでイタリアンパセリの葉少々を飾る。

▶1人分 375kcal／たんぱく質22.2g／脂質4.1g／塩分1.2g

バターとみそで風味をアップ
かぶのまろやかポタージュ

かぶのやさしい甘みを味わうポタージュ。余ったかぶの葉を加えると、ビタミンアップにもなります。

[材料（2人分）]

かぶ	1個（120g）
ベーコン	½枚（10g）
バター（無塩）	小さじ1（4g）
A 調製豆乳	1カップ
顆粒コンソメ	小さじ½
みそ	小さじ½
水	¼カップ
粗びき黒こしょう	適量

[作り方]

1 かぶは薄切りにする。ベーコンは1cm幅に切る。

2 鍋にバターを弱火で溶かし、ベーコンを軽く炒める。かぶ、Aを加え、ミキサーにかける。

3 鍋に戻して中火で10分ほど温める。器に盛り、粗びき黒こしょうをふる。

▶1人分 85kcal／たんぱく質5.0g／脂質5.6g／塩分0.6g

食感が楽しいさっぱりサラダ
シャキシャキサラダ

白菜はさっとゆでると、シャキシャキの食感に。ゆでて和えるだけなので、パエリアを炊く間に作れます。

[材料（2人分）]

白菜	100g
水菜	40g
りんご	⅛個（40g）
A 薄口しょうゆ・酢	各小さじ2
砂糖・オリーブ油	各小さじ1

[作り方]

1 白菜は2cm幅のざく切りにし、さっとゆでて冷水に取り、水気を絞る。水菜は5cm長さに切る。りんごは皮ごと3mm厚さのいちょう切りにする。

2 ボウルに1、Aを入れてよく混ぜる。

▶1人分 51kcal／たんぱく質1.2g／脂質2.1g／塩分1.0g

4th
weekly menu

DAY 1
さばの梅しそ揚げ献立 ▶P.68
さばの梅しそ揚げ／きのこたっぷり茶碗蒸し／
きゅうりの昆布和え／山菜ご飯

DAY 2
ミートボールのトマトソース献立 ▶P.72
ミートボールのトマトソース／白菜のクリーム煮／
豆苗とツナのサラダ／バゲット

DAY 3
赤魚の幽庵焼き献立 ▶P.74
赤魚の幽庵焼き／牛肉と豆腐のすき煮／
れんこんだんごのすまし汁／ご飯

DAY 4
揚げレバーのケチャップソース献立 ▶P.76
揚げレバーのケチャップソース／切干大根のサラダ／
ブロッコリーのマヨポン和え／じゃこ風味ご飯

DAY 5
えびとトマトの卵炒め献立 ▶P.78
えびとトマトの卵炒め／蒸しなすの特製ソースがけ／
青菜のとろみスープ オイスターソース風味／ご飯

DAY 6
鶏つくねの月見仕立て献立 ▶P.80
鶏つくねの月見仕立て／あったかポトフ／鮭ピラフ

さばと山菜ご飯の
組み合わせがおいしい。
野菜やきのこもたっぷりです

さばの梅しそ揚げ献立

魚は調理レパートリーがあまりない、という方におすすめの献立です。
肉と同じような感覚で揚げものにすれば、ボリュームアップにもなって大満足！

梅としその香りが豊か

さばの梅しそ揚げ

梅干しと青じそを加えることでさっぱりした味わいに。
さばには良質の脂、DHAが含まれ、動脈硬化予防も
期待できます。

[材料(2人分)]

さば(切り身)	2切れ(160g)
A おろししょうが	小さじ½
しょうゆ	小さじ½
酒	小さじ1
梅干し(種を除く)	1個(5g)
青じそ	6枚(6g)
B 溶き卵	½個分(25g)
水	大さじ4
小麦粉	½カップ
揚げ油	適量
レモンのくし形切り	2切れ

[作り方]

1 ポリ袋に**A**を入れて混ぜ、3等分にしたさば
を加えて冷蔵室に15分ほどおく。

2 梅干しは包丁で細かく刻み、**1**に加えてから
める。1切れに青じそを1枚ずつ巻く。

3 ボウルに**B**を入れてよく混ぜ、小麦粉を加え
る。ダマが少し残る程度にさっくり混ぜ合わ
せ、**2**を加えてからめる。

4 鍋に揚げ油を170℃に熱し、**3**を5分ほど揚
げる。

5 器に好みで青じそを敷いて**4**を盛り、レモン
を添える。

▶1人分 359kcal／たんぱく質20.9g／
脂質21.3g／塩分1.0g

とろとろのあんかけでどうぞ

きのこたっぷり茶碗蒸し

きのこのうまみが溶け出たあんがおいしい。食物繊維とビタミンDもとれます。

[材料（2人分）]

卵	1個（50g）
A だし汁	160mℓ
しょうゆ	小さじ¼
砂糖	小さじ1
酒・みりん	各小さじ½
しめじ	⅒パック（10g）
えのきだけ	⅛袋（20g）
しいたけ	2個（20g）
B だし汁	½カップ
しょうゆ・酒	各小さじ½
砂糖・みりん	各小さじ1
塩	適量
片栗粉（同量の水で溶く）	小さじ1
貝割れ菜	少々

[作り方]

1 小鍋に**A**を入れてひと煮立ちさせ、人肌にさましておく。

2 しめじ、えのきは石づきを取り、しめじはほぐす。えのきは2cm幅に切る。しいたけは軸を取り、薄切りにする。

3 ボウルに卵を割りほぐし、**1**を加えてよく混ぜる。茶こしでこして耐熱の器に入れ、アルミホイルでふたをする。蒸気の上がった蒸し器に入れてふたをずらしてのせ、弱火で20分蒸す。

4 鍋に**B**を入れて中火にかけ、煮立ったら**2**を加えて5分ほど煮る。水溶き片栗粉を回し入れてとろみをつける。

5 **3**の火を止めて、器を傾けて透明な汁が出ていれば取り出す。**4**をかけ、2cm幅に切った貝割れ菜をのせる。

▶1人分 76kcal／たんぱく質4.4g／脂質2.6g／塩分0.6g

豆板醤でちょっとピリ辛仕上げに

きゅうりの昆布和え

市販の塩昆布を調味料代わりに和えるだけ。豆板醤とごま油で風味をアップします。塩昆布は赤しそふりかけに替えても。

[材料(2人分)]

きゅうり	1本(100g)
にんじん	1.5cm(15g)
A 塩昆布	大さじ1(5g)
豆板醤	少々
ごま油	少々
白いりごま	少々

[作り方]

1 きゅうりは乱切りにし、塩もみする。3分ほどおいて水気を絞る。にんじんはせん切りにし、軽くゆでる。

2 ボウルに1、Aを入れて和える。

▶1人分 18kcal／たんぱく質1.0g／脂質0.6g／塩分0.5g

手軽に楽しめる炊き込みご飯

山菜ご飯

もち米は使わず、普通の白米で作れます。山菜は市販の水煮を使うので手軽。食物繊維もとれて腸活にもお役立ち。

[材料(2人分)]

米	1合(150g)	昆布	2g
水煮山菜ミックス	40g	水	140mℓ
A 和風顆粒だしの素	小さじ½		
酒	小さじ½		
みりん	小さじ1		
薄口しょうゆ	小さじ1		

[作り方]

1 米は洗って30分ほど浸水させ、ざるにあげる。山菜ミックスはざるにあげ、熱湯をかける。

2 炊飯釜に米、A、細切りにした昆布、水を入れ、山菜をのせて炊く。

▶1人分 272kcal／たんぱく質5.2g／脂質0.7g／塩分0.8g

さっと煮込むだけでうまみたっぷり。
パンを添えてどうぞ

DAY

2

ミートボールのトマトソース献立

子どもも大好きなミートボールを主役に。クリーム煮とサラダで、野菜もしっかりとれるバランス献立に仕立てました。パンにもご飯にも合うので、お好みでどうぞ。

牛乳で煮込んでコクを加えて

白菜のクリーム煮

白菜は、加熱するととろっと甘みが際立ちます。濃厚なクリームとも相性バツグン。

[材料(2人分)]

白菜	100g
ブロッコリー	小房4個(80g)
ベーコン	½枚(10g)
植物油	小さじ½
水	½カップ
ホワイトシチュールウ	20g
牛乳	¼カップ

[作り方]

1 白菜は食べやすい大きさに切る。ブロッコリーはひと口大に切る。ベーコンは1cm幅に切る。

2 鍋に植物油を中火で熱し、ベーコンを炒める。ブロッコリー、白菜を順に加えて炒める。

3 全体に油がまわったら水を加え、沸騰したら弱火にして3分ほど煮る。ルウを加えて溶かし、よく混ぜながら牛乳を加えて温める。

▶1人分 110kcal／たんぱく質4.9g／脂質6.7g／塩分1.1g

3分で作れるスピードサラダ

豆苗とツナのサラダ

骨形成に役立つビタミンK、β-カロテン、ビタミンCなどをバランスよく含む豆苗を簡単サラダでいただきます。

[材料(2人分)]

豆苗	1パック(80g)
ツナ缶(油漬け)	1缶(70g)
A マヨネーズ	大さじ1
塩・こしょう	各少々

[作り方]

1 豆苗は根の部分を切り落として長さ半分に切り、洗って水気をきる。ツナは油をきる。

2 ボウルに1を入れて混ぜ、合わせたAを加えて和える。

▶1人分 144kcal／たんぱく質7.8g／脂質12.3g／塩分0.5g

鶏ひき肉で低カロリーに

ミートボールのトマトソース

トマトに含まれるリコピンには抗酸化作用があり、美肌効果も期待できます。

[材料(2人分)]

鶏ひき肉	120g
玉ねぎ	⅙個(30g)
オリーブ油	小さじ½
A 溶き卵	½個分(25g)
塩・こしょう	各少々
カットトマト缶	40g
B トマトケチャップ	大さじ1
砂糖	小さじ1
水	1カップ
バター	10g
ローリエ	1枚
塩・こしょう	各少々
顆粒コンソメ	小さじ½

[作り方]

1 玉ねぎはみじん切りにする。フライパンにオリーブ油小さじ¼を中火で熱し、玉ねぎを炒める。しんなりしたら取り出して粗熱を取る。

2 ボウルにひき肉、Aを入れてよく混ぜる。粘りが出てきたら1を加えて混ぜ、6等分する。手に油(分量外)をつけて丸く成形する。

3 フライパンにオリーブ油小さじ¼を中火で熱し、2を並べる。焼き色がついたらふたをし、弱火にして4分蒸し焼きにする(焦げないようにときどきフライパンをゆする)。

4 トマト缶、Bを加えて中火にし、⅓量まで煮つめる。塩、こしょう、顆粒コンソメを加えて味をととのえ、ローリエを取り出す。

▶1人分 190kcal／たんぱく質12.6g／脂質13.6g／塩分0.9g

赤魚の幽庵焼き献立

柑橘を加えた漬け汁に魚を漬け込んで焼くのが「幽庵焼き」。漬けている間に、煮ものや汁ものの副菜を準備し、あとは魚を焼くだけ。手際よく仕上げましょう。

魚、肉、豆腐の組み合わせで、
たんぱく質が充実した和風献立

すだちのさわやかな香りが際立つ
赤魚の幽庵焼き

魚の漬けだれにすだちを加えて、香りを移します。すだちがないときは、レモンなど他の柑橘類でも充分おいしい！

[材料(2人分)]

赤魚（切り身）…………………	2切れ(160g)
すだち…………………………	1個(20g)
さやいんげん…………………	6本(60g)
エリンギ………………………	2本(80g)
A しょうゆ……………………	大さじ½
みりん・酒…………………	各大さじ½
砂糖…………………………	小さじ1
植物油…………………………	小さじ½

[作り方]

1 すだちは薄い輪切りにする。さやいんげんは筋を取る。エリンギは長さ半分に切り、縦4等分に切る。

2 ボウルにすだち、Aを入れて混ぜ、赤魚を加えて30分おく。

3 フライパンに植物油を中火で熱し、赤魚を皮面から3分ほど焼く。上下を返して2の漬け汁を加え、弱火にして汁をかけながら煮つめる。一緒にさやいんげん、エリンギを加えて焼く。

▶1人分 122kcal／たんぱく質15.0g／脂質3.8g／塩分0.9g

甘辛の煮汁で肉のうまみたっぷり

牛肉と豆腐のすき煮

牛肉と豆腐を煮込んだ甘辛の副菜。ご飯がすすむしっかりめの味つけです。

[材料（2人分）]

牛薄切り肉	50g	A	しょうゆ	小さじ2
絹ごし豆腐	⅓丁（100g）		砂糖・酒	各小さじ2
絹さや	6枚（12g）		みりん	小さじ1と½
			和風顆粒だしの素	小さじ½
			水	大さじ4

[作り方]

1 豆腐は6等分に切る。絹さやは筋を取り、ゆでる。

2 鍋にAを入れて中火にかけ、ひと煮立ちさせる。牛肉、豆腐を加えて弱火にし、15分ほど煮る。器に盛り、絹さやを添える。

▶1人分 129kcal／たんぱく質8.3g／脂質6.4g／塩分1.3g

ふわふわだんごがとろける！

れんこんだんごのすまし汁

れんこんは食物繊維やカリウムが豊富。積極的にとりたい食材です。れんこんの代わりに山いもにしてもおいしい。

[材料（2人分）]

れんこん	50g	B	和風顆粒だしの素	小さじ½
はんぺん	⅒枚（10g）		薄口しょうゆ	小さじ½
A	おろししょうが・塩		水	240mℓ
	各少々		三つ葉	2本（4g）
	片栗粉	小さじ1		

[作り方]

1 れんこんはすりおろし、はんぺんとともにミキサーにかける。ボウルに移し、Aを加えて混ぜる。

2 大きめの鍋に湯を沸かし、1をスプーンで丸めて入れる。浮いてきたら取り出し、器に入れる。

3 別の鍋にBを入れて火にかけ、煮立ったら2の器に注ぐ。三つ葉を飾る。

▶1人分 29kcal／たんぱく質1.3g／脂質0.1g／塩分0.7g

揚げレバーのケチャップソース献立

たんぱく質や鉄分が豊富なレバーを、おうちでも簡単においしく食べられるうれしいメニュー！カルシウムがとれるサラダと混ぜご飯で骨活も目指せますよ。

パリパリの食感が楽しめる

切干大根のサラダ

切干大根はカルシウムと食物繊維が豊富。煮ものとはまた違った味わいです。

[材料(2人分)]

切干大根	20g
きゅうり	⅕本(20g)
にんじん	1cm(10g)
塩昆布	8g

[作り方]

1 切干大根は水でもどし、食べやすい大きさにざく切りにする。10分ほどゆでて、水気を絞る。

2 きゅうり、にんじんはせん切りにする。

3 ボウルに1、2、塩昆布を入れて和える。

▶1人分 39kcal／たんぱく質1.8g／脂質0.1g／塩分0.8g

混ぜるだけの簡単和えもの

ブロッコリーのマヨポン和え

マヨネーズにポン酢しょうゆを加えて、味に奥行きを出します。枝豆やコーンをプラスしてもおいしい。

[材料(2人分)]

ブロッコリー	5房(100g)
玉ねぎ	⅛個(25g)
かに風味かまぼこ	1本(10g)
A マヨネーズ	小さじ1
ポン酢しょうゆ	小さじ½

[作り方]

1 ブロッコリーは小房に分けてゆでる。玉ねぎは1mm幅の薄切りにし、水にさらす。かに風味かまぼこは細く裂く。

2 ボウルに水気をきった1、Aを加えて和える。

▶1人分 52kcal／たんぱく質3.5g／脂質3.4g／塩分0.3g

レバーのクセを感じさせないおいしさ

揚げレバーのケチャップソース

レバーは鉄分豊富で貧血予防に効果的。クセが苦手な人は、牛乳につけ込んで血合いをしっかり取り除きましょう。

[材料(2人分)]

豚レバー	160g	B トマトケチャップ	
グリーンアスパラガス			大さじ1と½
	3本(60g)	砂糖	小さじ½
A しょうゆ	小さじ1	酒・水	各小さじ1
おろしにんにく		顆粒中華だし	
	1片分		小さじ½
酒	小さじ½	白いりごま	適量
片栗粉	小さじ2	ミニトマト	2個(20g)
揚げ油	適量	レモンのくし形切り	
			2切れ

[作り方]

1 レバーは1cm幅に切り、流水でよく洗い、水気をきる(臭みが気になる場合は牛乳1カップに2時間ほどつける)。合わせたAに30分ほどつける。

2 グリーンアスパラは根元を切り落とし、3cm長さに切ってゆでる。

3 ポリ袋に片栗粉を入れ、1の汁気をきってまぶす。鍋に揚げ油を180℃に熱し、2分ほど揚げる。

4 鍋にBを入れて弱火にかけ、煮立ったら3を加えてからめる。全体に白いりごまをふる。器に盛り、2、ミニトマト、レモンを添える。

▶1人分 208kcal／たんぱく質17.9g／脂質10.9g／塩分1.4g

カルシウムが手軽にとれます

じゃこ風味ご飯

カルシウム豊富なじゃこを混ぜてにぎります。小梅のカリカリ漬けを刻んで混ぜるのもおすすめ。

[材料(2人分)]

ご飯	茶碗2杯分(300g)
A ちりめんじゃこ	大さじ2(10g)
白いりごま	小さじ1
細ねぎの小口切り	4g

[作り方]

ボウルにご飯、Aを入れて混ぜ、4等分にして俵形ににぎる。細ねぎをのせる。

▶1人分 255kcal／たんぱく質7.2g／脂質1.3g／塩分0.2g

栄養価に優れたレバーを食べやすく。
野菜もたっぷりで食べごたえ満点！

えびとトマトの卵炒め献立

トマトの酸味をいかしたえびの卵炒めは、彩りも華やかで食欲をそそります。
副菜やスープも中華風のメニューでそろえれば、お店のような雰囲気で楽しめますね。

主菜も副菜も野菜たっぷり。
ご飯がすすむ中華献立。

しょうがを効かせた甘酢あんで

蒸しなすの特製ソースがけ

なすは電子レンジでチンするだけ。甘酢あんには鶏ひき肉を加えて、足りなくなりがちなたんぱく質をカバーします。

[材料(2人分)]

なす	2本(160g)
鶏ひき肉	20g
水	1カップ
A おろししょうが	小さじ1
しょうゆ	小さじ2
砂糖	小さじ2と½
酢	小さじ4
塩・こしょう	各少々
顆粒中華だし	小さじ½
片栗粉(同量の水で溶く)	小さじ1
植物油・ごま油	各小さじ½
乾燥パセリ	少々

[作り方]

1 なすは水気を拭いて耐熱皿に並べ、ラップをかけて電子レンジで2分30秒加熱する。取り出して皮をむく。

2 フライパンに植物油を中火で熱し、ひき肉を炒める。肉の色が変わったら水を加え、煮立ったらAを加えて調味する。水溶き片栗粉を加えてとろみをつけ、火を止めてごま油を加える。

3 器に1を盛り、2をかけてパセリをふる。

▶1人分 69kcal／たんぱく質3.2g／脂質2.3g／塩分1.1g

プリプリのえびやトマトで彩りよく

えびとトマトの卵炒め

具材を炒めて器に盛ってから、中華あんをかけて仕上げます。ブロッコリーの代わりにほうれん草や小松菜でもOK。

[材料(2人分)]

むきえび	大7〜8尾(100g)	A 塩・こしょう	各少々
トマト	½個(100g)	水	小さじ1
卵	4個(200g)	片栗粉	小さじ2
ブロッコリー	⅓個(100g)	B 顆粒中華だし	少々
植物油	適量	塩・こしょう	各少々
		C 片栗粉	小さじ2
		水	小さじ1

[作り方]

1 えびは背わたを取る。ブロッコリーは小房に分けてそれぞれをゆでる。トマトは⅙個分の種を取り、2cm角に切る。残りはくし形に切る。

2 フライパンに植物油少々を中火で熱し、1のえびを炒める。色が変わったら角切りにしたトマトを加え、つぶさないように軽く炒めていったん取り出す。

3 ボウルに卵を割り入れ、Aを加えて混ぜる。

4 フライパンに植物油少々を弱めの中火で熱し、3を流し入れる。混ぜながら火を通し、半熟状になったら2を加えて炒め合わせる。

5 小鍋に水½カップを入れて火にかけ、煮立ったらBを加えて味をととのえる。合わせたCを加えてとろみをつける。

6 器に4を盛り、くし形に切ったトマト、ブロッコリーを添えて5をかける。

▶1人分 223kcal／たんぱく質25.1g／脂質10.9g／塩分0.9g

うまみたっぷりで体が温まる!

青菜のとろみスープ オイスターソース風味

中華料理でおなじみの「蠣油湯」を手軽に再現したレシピ。具の野菜は、小松菜や玉ねぎなど余った野菜で代用してもOK。

[材料(2人分)]

チンゲン菜	20g
白菜	⅓枚(20g)
かに風味かまぼこ	2本(20g)
水	1と½カップ
A 塩	少々
顆粒中華だし	小さじ½
しょうゆ	小さじ⅓
オイスターソース	小さじ½
片栗粉(同量の水で溶く)	大さじ½

[作り方]

1 チンゲン菜、白菜はそれぞれゆでてざるにあげ、水気を絞る。チンゲン菜は3cm幅、白菜は細切りにする。かに風味かまぼこは細く裂く。

2 鍋に水を入れて火にかけ、煮立ったらAを加えて味をととのえる。水溶き片栗粉を加えてとろみをつける。

3 器に1を入れ、2を注ぐ。

▶1人分 22kcal／たんぱく質1.6g／脂質0.1g／塩分0.9g

鶏つくねの月見仕立て献立

仕上げにちょっと凝ったつくねプレートが主役。メインに手をかけるぶん、組み合わせは手軽に作れるピラフとポトフに。
特別な日やおもてなしのお食事にもおすすめの献立です。

いつものつくねが
おしゃれな仕立てに。
お店のような華やかさ

つくね、きのこペースト、卵の3段重ね

鶏つくねの月見仕立て

きのこペーストは前もって作っておいてもOK。いろいろな食感が楽しめる一品。赤ワインを使ったソースにつけながらいただきます。

[材料(2人分)]

鶏ひき肉	120g
玉ねぎ	¼個(50g)
A 塩	ひとつまみ
こしょう	少々
白ワイン	大さじ1
B おろししょうが	小さじ1
片栗粉	小さじ1
しいたけ	2個(20g)
まいたけ・しめじ	各⅕パック(各20g)
青じそ	2枚
オリーブ油	小さじ½
おろしにんにく	少々
塩・こしょう	各少々
C 卵	1個(50g)
生クリーム	小さじ2
植物油	小さじ2
砂糖	小さじ2
赤ワイン	80㎖
デミグラスソース缶	16g
片栗粉(同量の水で溶く)	小さじ½
生クリーム	小さじ2

[作り方]

1 玉ねぎはみじん切りにして水気をきり、肉だね用40gときのこペースト用10gに分ける。オーブンは170℃に予熱する。

2 きのこのペーストを作る。しいたけ、まいたけ、しめじ、青じそはみじん切りにする。フライパンにオリーブ油を弱めの中火で熱し、にんにくを炒める。香りが出てきたらきのこ、きのこペースト用の玉ねぎを加えて弱火で混ぜながら炒め、野菜から水分が出てきたら塩、こしょうを加えて混ぜる。水分がほとんどなくなったら火を止めて粗熱を取り、青じそを加えて混ぜる。

3 卵を焼く。ボウルにCを入れて溶きほぐす。フライパンに植物油を中火で熱し、卵液を流し入れて半熟程度のスクランブルエッグにする。

4 肉だねを作る。ボウルにひき肉、Aを入れて粘りが出るまでよく混ぜる。肉だね用の玉ねぎ、Bを加えてさらによく混ぜる。直径5×高さ3cmのセルクル型2個(なければ口の丸い耐熱容器)に等分に入れる。

5 170℃のオーブンで4を8分焼く。取り出して2、3を順にのせ、さらに5分焼く。粗熱が取れたらセルクルをはずす。

6 ソースを作る。鍋に砂糖を入れて弱めの中火にかけ、鍋をゆすりながら溶かす。カラメル色になったら赤ワインを加えて中火にし、約⅓量になるまで煮つめる。デミグラスソースを加え、水溶き片栗粉を加えて軽くとろみをつける。

7 器に6を薄く広げ、5をのせる。生クリームでソースに模様をつける。

▶1人分 271kcal／たんぱく質15.2g／脂質15.8g／塩分1.0g

華やかな彩りの炊き込みご飯

鮭ピラフ

材料をセットしたら、あとは炊飯器任せだからラクチン！ 切り身の鮭がないときは、フレークで代用することもできます。

[材料（2人分）]

米	1合(150g)	A 顆粒コンソメ	小さじ½
生鮭(切り身)	1切れ(60g)	塩・こしょう	各少々
塩	小さじ1	無塩バター	
玉ねぎ	⅙個(25g)		小さじ½(2g)
ミックスベジタブル		白ワイン	小さじ½
	大さじ2(30g)	水	180㎖

[作り方]

1 米は洗って30分ほど浸水させ、ざるにあげる。

2 鮭は皮を除き、塩をふる。10分ほどおいて水気をしっかり拭く。玉ねぎはみじん切りにする。

3 炊飯釜に米、玉ねぎ、ミックスベジタブル、鮭を順にのせ、A、水を加えて炊く。炊き上がったら鮭をほぐし混ぜる。

▶1人分 326kcal／たんぱく質12.0g／脂質3.0g／塩分0.7g

野菜たっぷり具だくさんスープ

あったかポトフ

野菜はお好みのものに替えてもOK。パセリは乾燥バジルに替えると、味のアレンジにもなります。

[材料（2人分）]

じゃがいも	½個(60g)	A 水	1カップ
にんじん	2㎝(20g)	白ワイン	小さじ1
キャベツ	50g	塩・顆粒コンソメ	
玉ねぎ	⅒個(20g)		各小さじ½
ソーセージ	2本(40g)	こしょう	少々
		乾燥パセリ	少々

[作り方]

1 じゃがいもは大きめの乱切り、にんじんは短冊切りにして耐熱皿に並べ、電子レンジで2分加熱する。

2 キャベツは2㎝幅のざく切り、玉ねぎはくし形切り、ソーセージは1㎝幅の斜め切りにする。

3 鍋にAを入れて火にかけ、煮立ったら1、2を加えて5分ほど煮る。じゃがいもに竹串がすっと刺さるくらいにやわらかくなったら器に盛り、パセリをふる。

▶1人分 97kcal／たんぱく質3.4g／脂質6.3g／塩分1.0g

DAY 1

たらのチリソースがけ献立　▶ P.86

たらのチリソースがけ／長いもとオクラの塩昆布和え／
クリームチーズのパンプキンサラダ／ご飯

DAY 2

キーマカレー献立　▶ P.88

キーマカレー／彩り温野菜スティック／
フレッシュトマトスープ

DAY 3

真鯛のアクアパッツァ献立　▶ P.90

真鯛のアクアパッツァ／もやしの粒マスタード和え／
ほうれん草の濃厚スープ／バゲット

DAY 4

鶏のロール蒸し献立　▶ P.92

鶏のロール蒸し／バーニャカウダ／
カリフラワーの冷製ポタージュ／バゲット

DAY 5

れんこんとなすの2色はさみ揚げ献立　▶ P.96

れんこんとなすの2色はさみ揚げ／キャベツのさっぱり和え／
油揚げのみそ汁／しそ香るさんまご飯

DAY 6

菊しゅうまい献立　▶ P.98

菊しゅうまい／やみつき香味和え／
冬瓜のオイスターソース煮込み／ご飯

5th
weekly menu

たらのチリソースがけ献立

週に2〜3回は魚をとりたいもの。たまには和風ではなく、こんなチョイスも新鮮！スパイシーソースでいただく魚献立です。色とりどりの野菜もそろう副菜も添えて、充実の組み合わせに。

淡泊なたらが、スパイシーなソースで
食べごたえのあるおかずに

煮込まないので手軽に作れる

たらのチリソースがけ

たらは油を塗ってオーブンで焼くと、しっとりとした仕上がりに。焼いている間にソースやつけ合わせを用意しましょう。

[材料(2人分)]

たら(切り身)	2切れ(160g)
塩・こしょう	各少々
片栗粉	大さじ1
植物油	適量
玉ねぎ	⅛個(40g)
グリーンアスパラガス	2本(40g)
A おろしにんにく	小さじ1
おろししょうが	小さじ1
トマトケチャップ	小さじ4
酒	小さじ1
砂糖	小さじ2
鶏ガラスープの素	2g
水	⅕カップ
片栗粉(同量の水で溶く)	大さじ1
サニーレタス	2枚(20g)

[作り方]

1 たらは半分に切り、塩、こしょうをふって片栗粉をまぶす。表面に植物油大さじ1弱を塗り、180℃のオーブンで13分焼く。

2 玉ねぎはみじん切りにする。グリーンアスパラは3cm長さに切り、芯が少し残る程度にゆでる。Aは混ぜ合わせる。

3 フライパンに植物油小さじ½を中火で熱し、玉ねぎを炒める。色づいてきたら混ぜ合わせたAを加え、5〜6分煮る。火を止めて水溶き片栗粉を加え、再び火にかけてとろみをつける。

4 器にサニーレタスを敷いて1を盛り、3をかける。グリーンアスパラを添える。

▶1人分 193kcal／たんぱく質15.4g／脂質7.3g／塩分1.2g

チーズのコクとヨーグルトの酸味がマッチ

クリームチーズのパンプキンサラダ

クリームチーズ、ヨーグルト、マヨネーズを合わせた濃厚クリーミーなソースで野菜をあえて。クセになるおいしさです。

[材料(2人分)]

かぼちゃ	50g	A クリームチーズ	10g
きゅうり	½本(50g)	プレーンヨーグルト	10g
玉ねぎ	⅒個(20g)	マヨネーズ	大さじ1
ベーコン	1枚(20g)	塩	少々
		乾燥パセリ	少々

[作り方]

1 かぼちゃは皮をむき、5mm角に切る。耐熱ボウルに入れ、ラップをかけて電子レンジで2分30秒加熱してさます。きゅうりは5mm角に切り、玉ねぎは薄切りにする。

2 ベーコンは5mm四方に切り、フライパンでさっと炒めてさます。

3 耐熱ボウルにクリームチーズを入れ、ラップをかけて電子レンジで50秒加熱する。残りのAを加えて混ぜ、1、2を加えてふんわり混ぜる。器に盛り、パセリを散らす。

▶1人分 102kcal／たんぱく質3.0g／脂質7.7g／塩分0.5g

味つけはめんつゆと塩昆布で簡単！

長いもとオクラの塩昆布和え

長いもやオクラのねばねば成分は、胃の粘膜を守る効果があります。やや胃が疲れてるな…というときにおすすめ。

[材料(2人分)]

長いも	3cm(90g)
オクラ	6本(60g)
トマト	¼個(50g)
A 塩昆布	6g
めんつゆ(ストレート)	小さじ1

[作り方]

1 長いもは2cm角に切る。オクラは軽く塩もみしてゆで、水にさらしてひと口大に切る。トマトは乱切りにする。

2 ボウルに長いも、オクラ、Aを入れて混ぜ、トマトを加えて軽く混ぜる。

▶1人分 45kcal／たんぱく質2.2g／脂質0.2g／塩分0.6g

DAY 2 キーマカレー献立

カレーがメインとなると、野菜が不足しがちですが、
この献立は温野菜スティックとトマトのスープを添えてカバー。
カレーにも細かく刻んだ野菜を加えてボリュームアップ。子どもにもうれしい献立です。

88

ツナ入りのクリーミーなソースで

彩り温野菜スティック

じゃがいもやアスパラのほか、野菜はお好みのものでアレンジOK。ソースにツナを加えて、たんぱく質もとれる一品に。

[材料(2人分)]

じゃがいも	⅓個(50g)	豆乳・水	各25mℓ
オクラ	2本(20g)	ツナ缶(油漬け)	10g
赤・黄パプリカ	各¼個(40g)	A 粒マスタード	小さじ½
グリーンアスパラガス		オリーブ油	小さじ1
	2本(40g)	塩・こしょう	各少々
にんにく	小1片		

[作り方]

1 じゃがいもは乱切り、オクラはがくをむき、パプリカは縦4等分に切る。にんにくは薄切りにする。

2 鍋にじゃがいもを入れ、かぶるくらいの水を加えて中火にかけ、竹串が刺さるくらいまでやわらかくゆでる。

3 別の鍋でオクラ、グリーンアスパラをゆでる。オクラは縦半分、グリーンアスパラは4等分の斜め切りにする。

4 小鍋に豆乳、水、にんにくを入れ、1分ほど煮る。にんにくがやわらかくなったらツナ缶を油ごと加え、ミキサーにかける。小鍋に戻して弱火にかけ、Aを加えて混ぜながら温める。

5 器に野菜を盛り、4を添えてつけながら食べる。

▶1人分 85kcal／たんぱく質3.2g／脂質5.0g／塩分0.2g

生のトマトの栄養まるごと！

フレッシュトマトスープ

鶏肉のうまみが出たスープに、トマトをさっと入れて煮るだけ。食感と酸味が残って印象的な味わいになります。

[材料(2人分)]

鶏もも肉	60g	A 水	1と½カップ
セロリの茎	9cm(30g)	おろししょうが	2g
トマト	⅙個(40g)	顆粒中華だし	小さじ1
植物油	小さじ1	オイスターソース	小さじ⅓
		酒	小さじ1
		塩・砂糖	各少々
		セロリの葉	少々

[作り方]

1 鶏肉は3cm角に切る。セロリの茎は3mm幅の斜め切り、トマトは2cm角に切る。

2 鍋に植物油を中火で熱し、鶏肉、セロリの茎を炒める。肉の色が変わったらAを加え、15〜20分煮る。トマトを加えて軽く火を通し、セロリの葉を加える。

▶1人分 84kcal／たんぱく質5.3g／脂質6.3g／塩分0.6g

刻んだ野菜やトマトをプラス

キーマカレー

じっくり炒めた野菜、ひき肉のうまみとスパイスがマッチ。トマトの酸味なども加え、複雑濃厚な味に仕上げます。

[材料(2人分)]

牛ひき肉		100g
米		1合(150g)
A カレー粉・顆粒コンソメ		各小さじ1
水		180mℓ
玉ねぎ		½個(100g)
にんじん		輪切り2cm(20g)
ピーマン		½個(15g)
植物油		小さじ1
B おろしにんにく		少々
カレー粉		小さじ2
C カレールウ		1かけ(20g)
顆粒コンソメ・トマトケチャップ		各小さじ2
カットトマト缶		½缶(200g)
水		½カップ
中濃ソース		小さじ1

[作り方]

1 米は洗って30分ほど浸水させ、ざるにあげる。炊飯釜に入れ、Aを加えて炊く。玉ねぎ、にんじん、ピーマンはみじん切りにする。

2 鍋に植物油を弱火で熱し、玉ねぎ、にんじんを15分ほど炒める。

3 フライパンにひき肉を入れて中火にかけ、肉の色が変わったら2に加える。Bを加えて炒め、Cを加えて15分ほど煮る。

4 水分が半分ほどになったら中濃ソースを加えて調味し、ピーマンを加えてひと煮立ちさせる。器に1のご飯を盛り、カレーを添える。

▶1人分 466kcal／たんぱく質15.3g／脂質13.9g／塩分1.7g

"カレー粉を入れて炊いたご飯がきれい！ランチメニューにも"

真鯛のアクアパッツァ献立

切り身で作れるアクアパッツァがメイン。うまみたっぷりの汁は、バゲットなどのパンに吸わせていただくのもおいしい！ 野菜の副菜と濃厚ポタージュを添えて、おしゃれに演出します。

魚介のうまみをとことん味わう一皿
真鯛のアクアパッツァ

魚は切り身なら何でもOKですが、できたら白身がおすすめ。うまみが溶け出たスープもおいしくいただけます。

[材料(2人分)]

真鯛(切り身)	2切れ(160g)
あさり(砂抜き済み)	20粒(80g)
塩・こしょう	各適量
にんにく	1片
玉ねぎ	¼個(50g)
オリーブ油	大さじ1
白ワイン	½カップ
A 水	1カップ
水煮マッシュルーム(スライス)	20g
ミニトマト	3個(30g)
イタリアンパセリ	適量

[作り方]

1 鯛は両面に塩、こしょう各少々をふり、クッキングシートにのせる。にんにく、玉ねぎはみじん切りにする。

2 フライパンにオリーブ油、にんにく、玉ねぎを入れて弱火にかけ、香りが出てきたら鯛をのせて焼き目をつける。

3 白ワインを加えてアルコールをとばし、あさり、Aを加えて15分ほど煮る。あさりの口が開いたら塩、こしょう各少々で味をととのえる。器に盛り、イタリアンパセリを飾る。

▶1人分 232kcal／たんぱく質20.3g／脂質14.0g／塩分1.4g

油を使わないヘルシーな洋風和えもの
もやしの粒マスタード和え

もやしは、ビタミンC、B群、食物繊維など健康に役立つ栄養素が豊富。低カロリーでダイエットにもうれしい！

[材料(2人分)]

もやし	½袋(100g)
にんじん	4cm(40g)
ハム	2枚(20g)
A しょうゆ	大さじ1
粒マスタード	大さじ1
砂糖	小さじ1
みりん	小さじ½
細ねぎ	適量

[作り方]

1 にんじん、ハムはせん切り、細ねぎは小口切りにする。

2 鍋に湯を沸かし、もやし、にんじんをさっとゆでて水気をきる。

3 ボウルにAを入れて混ぜ、2、ハム、細ねぎを加えて和える。

▶1人分 62kcal／たんぱく質3.7g／脂質2.5g／塩分0.9g

野菜の栄養をまるごといただけます
ほうれん草の濃厚スープ

ほうれん草に含まれるビタミンCや葉酸は水溶性。スープなら溶け出た栄養もそのままとることができます。

[材料(2人分)]

ほうれん草	30g	A 顆粒コンソメ	
じゃがいも	⅓個(20g)		小さじ1
玉ねぎ	⅒個(20g)	塩・こしょう	各少々
水	1と½カップ	生クリーム	適量
		クルトン	適量

[作り方]

1 じゃがいもは4等分に切る。玉ねぎは薄切りにする。

2 鍋に湯を沸かし、1を15~20分ゆでる。じゃがいもがやわらかくなったらざるにあげて粗熱を取る。

3 別の鍋でほうれん草をゆでて水気を絞り、ざく切りにする。

4 ミキサーに水、2、3を入れてかけ、鍋に戻す。A、生クリーム⅕カップを加えて、ひと煮立ちさせたら器に盛り、クルトンをのせる。生クリーム小さじ1~2を垂らす。

▶1人分 97kcal／たんぱく質1.1g／脂質8.9g／塩分0.6g

イタリアの郷土料理
アクアパッツァ。
魚介のうまみをとことん
味わいます

鶏のロール蒸し献立

メインの肉料理も、副菜、スープもすべて野菜を使って、野菜不足を解消。
盛りつけや器にもちょっとこだわれば、特別な日の食事にもなります。バゲットを添えてどうぞ。

まるでお店でいただくような
おしゃれなメニュー。特別な日にもおすすめ

コクのあるバルサミコソースで

鶏のロール蒸し

フランスでは「ガランティーヌ」と呼ばれる料理。ひき肉と野菜を巻いた鶏肉ロールをじっくり蒸し上げます。

[材料(2人分)]

鶏もも肉(皮なし)	½枚(120g)
大根	1cm(40g)
にんじん	⅒本(20g)
さやいんげん	1本(10g)
かぶ	½個(40g)
ズッキーニ	⅕本(40g)
鶏ひき肉	60g
A 卵	10g
牛乳	小さじ2
塩・こしょう	各少々
オールスパイス	少々
塩・こしょう	各適量
植物油	小さじ½
ミニトマト	2個(20g)
B バルサミコ酢	小さじ2
白ワイン・しょうゆ	各小さじ½
みりん	小さじ1
砂糖	小さじ½
おろしにんにく	少々
バター	10g

[作り方]

1 大根、にんじんは5mm角の棒状に切り、10分ほど下ゆでする。さやいんげんは2分ほどゆでる。

2 かぶは葉を1cmほど残して切り落とし、実は4等分のくし形に切る。ズッキーニは1cm幅の輪切り4枚に切る。

3 ボウルにひき肉、**A**を入れ、粘りが出るまで練り混ぜる。

4 鶏肉は厚い部分を開いて厚みを均一にし、塩、こしょう各少々をふる。ラップの上に鶏肉をのせて**3**を塗り広げ、**1**を横にバランスよくのせる。ラップを持ち上げて鶏肉を筒状に巻く。蒸気の上がった蒸し器に入れ、30分ほど蒸す。

5 フライパンに植物油を弱火で熱し、ラップをはずした**4**を焼く。表面がきつね色になったら取り出す。続けて**2**を並べて弱火にかけ、焼き目がついてある程度火が通ったら、ミニトマトを加える。火が通ったら、塩、こしょう各少々で味をととのえる。

6 別の小鍋に**B**を入れて弱火にかけ、3分ほど煮つめる。

7 鶏肉を厚めの輪切りにして器に盛り、**5**の野菜を添えて**6**を器に敷く。

▶1人分 210kcal／たんぱく質18.4g／脂質12.4g／塩分0.8g

野菜がたくさん食べられる！

バーニャカウダ

蒸した野菜に、にんにくとアンチョビを効かせたソースをつけていただきます。不足しがちな野菜もたっぷりとれます。

[材料(2人分)]

にんじん	1/10本(20g)	ブロッコリー	2房(40g)
大根	20g	にんにく	1片
かぼちゃ	40g	牛乳	小さじ4
さつまいも	20g	A アンチョビ	6g
しめじ	1/5パック(20g)	│ 白ワイン	小さじ1
ヤングコーン	2本(20g)	オリーブ油	小さじ1と1/2

[作り方]

1 にんじん、大根は1cm角の棒状に切る。かぼちゃは薄切り、さつまいもは皮ごと1cm幅の輪切りにする。しめじは石づきを取りほぐす。

2 蒸気の上がった蒸し器に1、ヤングコーンを入れ、5分ほど蒸す。ブロッコリーを加え、さらに1分蒸す。

3 ソースを作る。小鍋ににんにく、牛乳を入れ、弱火でやわらかくなるまで煮る。

4 別の小鍋にAを入れて弱火にかけ、アルコールをとばしながらオリーブ油を加えて温める。

5 3のにんにく、4をなめらかになるまでミキサーにかける(ミキサーがない場合は、にんにくとアンチョビをフォークでつぶす)。

6 器に2を盛り、小皿に5を入れてつけながら食べる。

▶1人分 89kcal／たんぱく質3.4g／脂質3.9g／塩分0.4g

野菜の甘みを味わえる

カリフラワーの冷製ポタージュ

野菜の栄養をまるごといただける、クリーミーな口当たりのスープ。冬は温めてもおいしい。

[材料(2人分)]

カリフラワー	3房(40g)	A 調整豆乳	1/2カップ
玉ねぎ	1/8個(25g)	生クリーム	小さじ4
バター	20g	水	1/5カップ
カレー粉	少々	塩・顆粒コンソメ	各少々
		乾燥パセリ・オリーブ油	各少々

[作り方]

1 カリフラワーはみじん切りにし、玉ねぎは薄切りにする。

2 フライパンにバターを溶かし、弱火で玉ねぎを炒める。しんなりしてきたらカリフラワー、カレー粉を加えて炒め合わせる。

3 Aを加え、ひと煮立ちさせたら火を止める。粗熱が取れたらミキサーにかけ、冷蔵室でしっかり冷やす。

4 器に盛り、パセリを散らしてオリーブ油を垂らす。

▶1人分 145kcal／たんぱく質2.8g／脂質13.9g／塩分0.3g

DAY

れんこんとなすの
2色はさみ揚げ献立

はさみ揚げには肉ではなく魚のすり身をイン。揚げもの、酢のもの、
混ぜご飯、みそ汁と、栄養バランスに優れた和食献立です。

野菜もしっかりとれる
バランス献立。
満足感も得られます

96

お酢を効かせた和えもの
キャベツのさっぱり和え

主菜が揚げものなので、副菜はお酢を使ったさっぱり味の和え
ものに。シャキシャキの食感を楽しめます。

[材料(2人分)]

キャベツ	80g	A 砂糖	小さじ2
大根	1.5cm(60g)	穀物酢	小さじ2
赤かまぼこ	30g	塩	少々

[作り方]

1 キャベツは食べやすい大きさのざく切り、大根は2〜3mm
幅のいちょう切りにする。ボウルに入れて塩もみし、10
分ほどおいて、水気をしっかり絞る。かまぼこは3mm厚さ
のいちょう切りにする。

2 ボウルに**A**を入れて混ぜ、**1**を加えて和える。

▶1人分 41kcal／たんぱく質2.4g／脂質0.2g／塩分0.5g

さんまは缶詰を利用するので手軽
しそ香るさんまご飯

調味料を入れて炊いたご飯に、さんまのかば焼き缶を加えて混
ぜるだけ。思い立ったときにいつでも簡単に作れます。

[材料(2人分)]

米	1合(150g)
さんまかば焼き缶	1缶(100g)
にんじん	2cm(20g)
しょうが	1かけ
青じそ	2枚
A 砂糖・酒・みりん	各小さじ1
しょうゆ	小さじ½
白いりごま	適量

[作り方]

1 米は洗って30分ほど浸水させ、ざるにあげる。

2 にんじん、しょうが、青じそはせん切りにし、しょうがは水
にさらす。

3 炊飯釜に**1**、にんじん、しょうが、**A**を入れ、2合の目盛り
まで水を入れて炊く。炊き上がったらさんまのかば焼きを
加え、粗くほぐしながら混ぜる。

4 器に盛り、白いりごまをふり、青じそをのせる。

▶1人分 341kcal／たんぱく質11.0g／脂質5.7g／塩分0.8g

ほくほくととろとろ、2つの食感
れんこんとなすの2色はさみ揚げ

魚のすり身に具材を混ぜ、れんこんとなすではさんだものを、少なめの
油で揚げ焼きに。甘辛のたれをかけていただきます。

[材料(2人分)]

れんこん	80g	A 小麦粉・水	各大さじ2
なす	½本(40g)	溶き卵	½個分(25g)
白身魚のすり身	60g	植物油	適量
枝豆	正味20g	B しょうゆ・みりん・砂糖	
むきえび	20g		各小さじ1
		糸唐辛子	適量

[作り方]

1 れんこんは5mm幅の輪切り(4枚)に切る。なすは5mm幅の縦
薄切り(4枚)に切る。

2 鍋に湯を沸かし、れんこん、えび、枝豆をゆでてさます。枝豆
はさやから実を取り出す。

3 ボウル2つに白身魚のすり身を半量ずつ入れ、1つは枝豆、も
う1つはえびを混ぜる。

4 水気を拭いたれんこん、なすの切り口を上にして並べ、小麦
粉適量(分量外)をふる。枝豆を混ぜた**3**をれんこん2枚では
さむ。同様にえびを混ぜた**3**をなす2枚ではさむ。合わせた**A**
にくぐらせてころもをつける。

5 鍋に植物油を170℃に熱し、**4**を5〜6分揚げる。食べやすく
切って器に盛り、温めた**B**をかけて糸唐辛子をのせる。

▶1人分 182kcal／たんぱく質10.6g／脂質7.2g／塩分0.5g

ほっとする定番の味
油揚げのみそ汁

わかめと油揚げの組み合わせといえば、みそ汁の定番の具材。油揚げ
は冷凍できるので、ストックしておくとすぐに作れます。

[材料(2人分)]

油揚げ	1枚(20g)	みそ	小さじ2
乾燥わかめ	2g	だし汁	1と½カップ
長ねぎ	10g		

[作り方]

1 油揚げは熱湯をかけて油抜きし、1cm幅の短冊切りにする。
わかめはぬるま湯でもどす。長ねぎは斜め薄切りにする。

2 鍋にだし汁を入れて中火にかけ、油揚げ、わかめを加えてさ
っと煮る。みそを溶き入れて火を止める。器に盛り、長ねぎ
をのせる。

▶1人分 55kcal／たんぱく質3.9g／脂質4.0g／塩分1.1g

菊しゅうまい献立

手間がかかって作るのが大変そうなイメージのしゅうまい。このレシピは皮で包まないのでラクチンです。あとは野菜の小鉢を2品添えて完成！見た目も華やかで喜ばれること請け合いです。

肉だねを丸めたら、
皮をまぶして蒸すだけ。
肉汁たっぷりでジューシー！

にんにくやしょうがを効かせて

やみつき香味和え

小松菜はカロテンやビタミンC、鉄分、カルシウムなどが豊富な野菜です。香味野菜で和えれば、クセになるおいしさ！

[材料(2人分)]

小松菜	120g	A	薄口しょうゆ	小さじ1
トマト	小⅛個(25g)		塩	少々
玉ねぎ	⅕個(40g)		粗びき黒こしょう	適量
長ねぎ	⅙本(20g)		おろしにんにく	小さじ½
			おろししょうが	小さじ½
			ごま油	少々

[作り方]

1 トマトは2cm角に切る。玉ねぎは薄切り、長ねぎは斜め薄切りにする。

2 玉ねぎ、長ねぎ、小松菜はそれぞれさっとゆで、水気を絞る。小松菜は3cm長さに切る。

3 ボウルに2、Aを入れて和える。トマト、ごま油を加えて軽く和える。

▶1人分 34kcal／たんぱく質1.6g／脂質1.2g／塩分0.7g

とろっとした食感がおいしい

冬瓜のオイスターソース煮込み

冬瓜は、体内の余分な塩分の排出を助けるカリウムを多く含むので、高血圧予防効果も期待できます。冬瓜がなければ、かぶや大根でも代用可。

[材料(2人分)]

冬瓜	120g	A	オイスターソース	
しいたけ	2個(20g)			小さじ2と½
鶏ひき肉	20g		顆粒中華だし	0.6g
植物油	小さじ1		酒	小さじ½
水	½カップ		しょうゆ	小さじ⅓
			砂糖	小さじ⅓
		片栗粉(同量の水で溶く)		
				小さじ1

[作り方]

1 冬瓜は皮をむいて4〜5cmの角切りにし、やわらかくなるまでゆでる。しいたけは石づきを取り半分(大きければ4等分)に切る。

2 鍋に植物油を中火で熱し、ひき肉を炒める。肉の色が変わったら、水、1、Aを加えて10分煮る。水溶き片栗粉を加えてとろみをつける。

▶1人分 65kcal／たんぱく質3.1g／脂質3.3g／塩分1.2g

とろ〜り甘酢あんでいただきます

菊しゅうまい

肉だねに細切りにしたしゅうまいの皮をまぶして蒸すので、思ったよりも簡単に作れます。卵の黄色が華やか！

[材料(2人分)]

豚ひき肉		100g
玉ねぎ		⅒個(20g)
しいたけ		2個(20g)
白菜		2枚(120g)
しゅうまいの皮		4枚
卵		1個(50g)
グリーンピース		約24粒(10g)
植物油		小さじ2
A	薄口しょうゆ	小さじ2
	ごま油	小さじ¼
	酒	小さじ1弱
	塩	ひとつまみ
	片栗粉	小さじ2
	粗びき黒こしょう	適量
	砂糖	小さじ4
B	薄口しょうゆ	小さじ2
	穀物酢	小さじ2
	砂糖	小さじ1
	水	大さじ4
片栗粉(同量の水で溶く)		小さじ2

[作り方]

1 玉ねぎ、しいたけ、白菜はみじん切りにして塩もみし、水気を絞る。しゅうまいの皮はせん切りにする。

2 錦糸卵を作る。フライパンに植物油を中火で熱し、溶いた卵40gを流し入れる。火が通ったら取り出して粗熱を取り、せん切りにする。

3 ボウルにひき肉、1の野菜を入れ、粘りが出るまで混ぜる。溶き卵10g、Aを加えて混ぜ、12等分にして丸く成形する。耐熱皿に並べ、肉だねにしゅうまいの皮をまぶして形を整え、グリーンピースを2粒ずつのせる。蒸気の上がった蒸し器に入れ、強火で15分ほど蒸す。

4 小鍋にBを入れて混ぜ、弱火にかける。煮立ったら水溶き片栗粉を加えてとろみをつける。

5 器に3を盛り、4をかけて真ん中に2をのせる。

▶1人分 271kcal／たんぱく質13.9g／脂質15.9g／塩分1.5g

カロリー控えめの手作りデザート

甘いものは食べたいけれど、カロリーが気になる…。そんな方におすすめの手作りデザートをご紹介します。
ローカロリーの和菓子や甘さ控えめの焼き菓子など、
ダイエット中でも安心の1食200kcal以下のものばかり。手軽に作れるのでお試しあれ。

カッサータ

イタリアの
伝統デザートを
おうちで簡単に

さっぱりとした味わいで
口当たりなめらか

ヨーグルトティラミス

冷やし固めるだけの簡単デザート。濃厚な味わいが楽しめます。ドライフルーツはお好みのものでアレンジしてみて。

[材料（6×6×深さ4cmのパウンド型1台分）]

アーモンド（無塩・ホール）…5粒		生クリーム…………………25㎖
ミックスドライフルーツ……10g		砂糖…………………………小さじ1
レモンの皮…………………少々		クリームチーズ……………40g

[作り方]

1 アーモンド、ドライフルーツ、レモンの皮はそれぞれ粗みじん切りにする。

2 ボウルに生クリームと砂糖を入れ、泡立て器で角が立つまで泡立てる。

3 別の大きめのボウルにクリームチーズ、**1**、**2**を入れ、なめらかになるまでゴムべらで混ぜ合わせる。

4 型に**3**を入れ、平らにならす。ラップをかけて冷凍室で2時間ほど冷やし固める。固まったら型からはずし、食べやすい大きさに切り分ける。

▶1人分 179kcal／たんぱく質2.7g／脂質14.4g

マスカルポーネチーズの代わりにギリシャヨーグルトを使ったライトな食感。コーヒーの風味で大人の味に。

[材料（直径6×深さ5cmの容器2個分）]

生クリーム…………25㎖		A	水…………………………20㎖
砂糖…………………5g			インスタントコーヒー……2g
ギリシャヨーグルト……50g			砂糖………………………2g
			ビスケット（ハードタイプ）…2枚
			ココアパウダー…………2g

[作り方]

1 大きめのボウルに生クリーム、砂糖を入れ、泡立て器でもったりと重くなるまで泡立てる。

2 別のボウルにヨーグルトを入れて泡立て器でなめらかになるまで混ぜ、**1**に加えてさらに混ぜる。

3 小さめのボウルに**A**を入れて混ぜ、コーヒーシロップを作る。

4 器にビスケットを敷き、**3**のシロップをスプーンで全体に回しかける。ビスケットにシロップがしみたら**2**を流し入れる。

5 ラップをかけて冷蔵室で1時間以上冷やす。食べるときにココアパウダーをふる。好みでミントの葉を飾る。

▶1人分 104kcal／たんぱく質3.5g／脂質5.9g

ひと晩冷やすと
さらにおいしい!

ヨーグルトチーズケーキ風

甘酒ジェラート

バナナのやさしい
甘みを生かして

濃厚なギリシャヨーグルトで、クリームチーズのような食感を楽しめます。簡単に焼けるので、おもてなしにも。

[材料（6×6×深さ4cmのパウンド型1台分）]

卵	大½個分（30g）	植物油	大さじ½
ギリシャヨーグルト	100g	レモン汁	小さじ1
砂糖	大さじ2	ホットケーキミックス	30g

[下準備]
・オーブンは180℃に予熱しておく。
・型にオーブンペーパーを敷く。

[作り方]

1 ボウルに卵を入れ、泡立て器でよく混ぜる。ヨーグルト、砂糖を加えて混ぜ、さらに植物油、レモン汁を加えて混ぜる。

2 ホットケーキミックスをふるいながら加え、ゴムべらでさっくり混ぜ合わせる。

3 オーブンペーパーを敷いた型に2を流し入れ、型ごと10cmほどの高さから2回ほど落とし、中の気泡を抜く。

4 180℃に予熱したオーブンで30分焼く。きつね色に焼き上がったら、オーブンから取り出し、そのままさます。

▶1人分 161kcal／たんぱく質4.8g／脂質6.6g

砂糖は不使用。「飲む点滴」といわれる甘酒を使って栄養価も満点。ポリ袋に入れて材料をもみ込むだけの簡単さも◎！

[材料（2人分）]

バナナ	1本（正味120g）
レモン汁	大さじ1
ブルーベリー（冷凍）	20g
牛乳	40mℓ
甘酒	80mℓ

[作り方]

1 バナナは皮をむき、冷凍用保存袋に入れてレモン汁をかける。袋の上からなめらかになるまでつぶす。

2 ブルーベリーを凍ったまま加え、軽くつぶしながら混ぜ合わせる。牛乳と甘酒を加え、よくもみ込んで混ぜ合わせる。

3 冷凍室に入れ、2〜3時間に一度、袋の上からもみ込む。好みのかたさに凍ったら、スプーンなどで器に盛る。

▶1人分 105kcal／たんぱく質2.2g／脂質0.9g

抹茶をたっぷり入れたほろ苦い大人の味。ほんのりとした甘さで、デイリーのおやつにもぴったり。夏におすすめのデザートです。

[材料（6×6×深さ4cmのパウンド型1台分）]

粉ゼラチン	4g	抹茶	6g
水	20㎖	無調整豆乳	
生クリーム	40㎖		100㎖
砂糖	20g	抹茶パウダー	適量

[作り方]

1 ゼラチンは水でふやかしておく。

2 ボウルに生クリーム、砂糖を入れ、茶こしで抹茶をふるいながら加え、もったりするまで泡立て器で混ぜ合わせる。

3 鍋に豆乳を入れて弱火で温める。縁がふつふつとしてきたら火を止め、**1**を加えて混ぜ溶かす。

4 **2**に**3**を少量ずつ加えて混ぜ合わせ、型に流し入れる。冷蔵室で2時間以上冷やし固める。食べやすい大きさに切って器に盛り、抹茶パウダーをふる。

ひんやりぷるんとした食感

豆乳抹茶ムース

▶1人分 185kcal／たんぱく質3.8g／脂質11.9g

火を使わないから手軽でスピーディー！

おから入り

レンチンドーナツ

▶1人分 190kcal／たんぱく質9.1g／脂質9.6g

電子レンジで作れるドーナツは、油を使わないのでヘルシー。小麦粉の代わりにおからパウダーを使って糖質を抑えます。

[材料（直径8cmのシリコンドーナツ型×4個分）]

卵	2個（100g）	ベーキングパウダー	
水	80㎖		4g
砂糖	20g	チョコチップ	10g
A おからパウダー	20g	植物油	2g
┃ ココアパウダー	4g	粉糖	適量

[作り方]

1 ボウルに卵を割り入れ、水と砂糖を加えて泡立て器で混ぜる。

2 Aを合わせてふるいながら加えて混ぜ、さらにベーキングパウダーを加えて混ぜる。チョコチップを加えて混ぜ合わせる。

3 シリコンドーナツ型に薄く植物油を塗り、**2**を流し入れる。電子レンジで3分ほど加熱して取り出し、向きを変えてさらに3分ほど加熱する。

4 粗熱が取れたら型から取り出し、器に盛って粉糖をふる。

ふるふる食感の
和スイーツ
水まんじゅう

[材料（2個分）]

片栗粉·····················12g
砂糖···························6g
水··························130㎖
こしあん····················30g

[下準備]

・直径6㎝ほどの丸形の器にラップをかけ、水（分量外）でラップをしっかり濡らしておく。

[作り方]

1 鍋に片栗粉、砂糖、水を入れ、ゴムべらでよく混ぜる。

2 中火にかけ、絶えず混ぜながら温める。全体に粘りが出て、半透明になってきたら火からおろす。

3 ラップをかけた器に2の¼量を入れ、こしあんを½量のせる。さらに2の¼量をのせる。ラップを絞り、ボール状に成形する。残りも同様に作る。

片栗粉は、休まず練り続けるのがコツ。冷やしても温めてもおいしくいただけます。

▶1人分 99kcal／たんぱく質3.0g／脂質0.2g

白玉粉で
もちもち食感を演出
もちもちどら焼き

ホットケーキミックスを使うので、簡単！ 白玉粉を加えることで、もちっとした食感の皮に。

▶1人分 191kcal／たんぱく質6.1g／脂質5.5g

[材料（4個分）]

白玉粉·······················8g
水···························24㎖
卵·····················1個（50g）
ホットケーキミックス·······50g
植物油···················小さじ1
粒あん·····················40g

[作り方]

1 深めの器に白玉粉、水を入れ、混ぜておく。

2 ボウルに卵を割り入れ、泡立て器で混ぜる。ホットケーキミックスをダマにならないように少量ずつ加えて混ぜる。さらに1を加え、なめらかになるまで混ぜ合わせる。

3 フライパンを中火で熱し、植物油を薄くひく。火を弱め、スプーンなどで2の生地を直径5㎝ほどの大きさに丸く流し入れる。表面にプツプツと小さな穴ができてきたら、上下を返して2分ほど焼く。残りも同様にして、計8枚焼く。

4 粗熱が取れたら、2枚の皮であんを¼量ずつはさむ。

自慢の郷土料理レシピ

日本全国にある徳洲会病院から集まった郷土料理。地域の特産品を使ったものや、昔から地元で愛されてきた素朴で味わい深いレシピをご紹介します。ぜひ皆さんのご家庭でもお試しください。

鮭と旬の野菜を蒸し焼きに。
甘みそとバターのコクで風味が増します

北海道 鮭のちゃんちゃん焼き

鮭のうまみがしみた野菜もたまらないおいしさ。蒸すとかさが減るので、野菜がたっぷり食べられます。

[材料（2人分）]

生鮭	2切れ（160g）
塩・こしょう	各少々
キャベツ	80g
にんじん	2cm（20g）
玉ねぎ	⅓個（60g）
しめじ・えのきだけ	各⅔パック（各60g）
A みそ	大さじ1
みりん	小さじ1と½
酒	小さじ1
砂糖	小さじ2
バター	大さじ1（10g）

[作り方]

1 鮭は塩、こしょうをふる。

2 キャベツは4cm大のざく切り、にんじんは太めのせん切り、玉ねぎは薄切りにする。しめじ、えのきは石づきを取り、ほぐす。

3 フライパンを中火で熱し、鮭の皮目を下にして入れる。両面に焼き色がついたらいったん取り出す。

4 3のフライパンに2を広げ入れ、3をのせる。合わせたAを全体にかけ、ふたをして弱火で10〜15分、野菜に火が通るまで蒸し焼きにする。

5 ふたを取り、汁気がなくなったら火を止める。熱いうちにバターをのせる。

札幌徳洲会病院

"鮭"で知られる石狩地方の漁師料理。
体が芯から温まります

石狩鍋

鮭と野菜の具だくさん鍋。
みそで味つけ
するのが特徴です。
食べるときに
粉山椒をふってもおいしい。

[材料(2人分)]

生鮭	2切れ(160g)
大根	1cm(40g)
にんじん	1cm(10g)
じゃがいも	⅕個(30g)
長ねぎ	⅙本(20g)
白菜	30g
しいたけ	2個(20g)
木綿豆腐	大½丁(175g)
こんにゃく	10g
A 水	3カップ
和風顆粒だしの素	小さじ1
酒粕・みそ・みりん	各大さじ1
酒	小さじ2
砂糖	少々

[作り方]

1 鮭は3~4等分に切る。鍋に湯を沸かし、鮭をくぐらせて水気をきる。

2 大根とにんじんは2~3mm幅の半月切り、じゃがいもは乱切り、長ねぎは斜め切り、白菜は1.5cm幅に切る。しいたけは軸を取り、かさに十字の切り込みを入れる。豆腐は4等分に切り、こんにゃくは食べやすい大きさに切る。

3 鍋にAを入れて中火にかける。煮立ったら1、2を入れ、具材に火が通るまで20~30分煮る。

札幌東徳洲会病院

"魚のあらをいっしょに煮込むとうまみが増します。具だくさんで大満足"

北海道

三平汁

こまめにアクを除くと、澄んだおいしい汁に仕上がります。あらが手に入らないときは、和風だし少々をプラスして。

[材料(2人分)]

たらのあら	40g
たら	2切れ(120g)
大根	2cm(60g)
にんじん	2cm(20g)
じゃがいも	中1個(100g)
長ねぎ	10cm(20g)
木綿豆腐	¼丁(80g)
A だし汁	3カップ
┃ 酒	小さじ2
B 塩	小さじ¼
┃ しょうゆ	少々
┃ みりん	小さじ⅔

[作り方]

1 あらは塩小さじ1(分量外)をふって10～30分おき、ざるに入れて熱湯を全体に回しかける。ボウルに入れ、水で汚れや血合いを洗う。

2 大根とにんじんは2～3mm幅のいちょう切り、じゃがいもは乱切り、長ねぎは斜め切り、豆腐は2～3cm角に切る。

3 鍋にA、1、たら、大根、にんじん、じゃがいもを入れて中火にかけ、20分ほど煮る。途中でアクが出たら取る。

4 じゃがいもがやわらかくなったら長ねぎ、豆腐を加えてひと煮立ちさせ、Bで調味する。

共愛会病院

"庄内地方の家庭料理。
新鮮なたけのこが手に入ったらぜひお試しを"

（山形県）

孟宗汁

酒粕とみそのやさしい味わいが魅力の一品。豚肉はお好みでOK。入れずに作ると、よりたけのこの味が感じられます。

[材料(2人分)]

孟宗たけのこ（生）	小1個（160g）
厚揚げ	½枚（100g）
しいたけ	2個（20g）
豚バラこま切れ肉	60g
A 水	3カップ
和風顆粒だしの素	小さじ2
B 酒粕	小さじ2
みそ	大さじ2
木の芽	少々

[作り方]

1 たけのこはアク抜きし、穂先を3〜5cm長さの乱切り、下部分は1cm厚さのいちょう切りにする。下ゆでして水気をきる。

2 厚揚げはざるに入れて熱湯を回しかけ、水気をきって1cm幅に切る。しいたけは軸を取り、半分か大きい場合は4等分に切る。豚肉は大きければひと口大に切る。

3 鍋に1、Aを入れて中火にかけ、煮立ったら2を加える。たけのこがやわらかくなるまで20〜30分煮る。

4 耐熱の器に3の煮汁を少量取り、Bを加えて溶きのばす。3の鍋に戻し入れ、弱火にして味を含ませる。器に盛り、木の芽を飾る。

庄内余目病院

[材料（2人分）]

里いも	4個（200g）
牛切り落とし肉	80g
こんにゃく	¼枚（60g）
ごぼう	⅙本（30g）
まいたけ	½パック（50g）
長ねぎ	10cm（20g）
A 水	2と½カップ
和風顆粒だしの素	小さじ2
酒	大さじ2
砂糖	小さじ2
しょうゆ	大さじ2

山形徳洲会病院

[作り方]

1　里いもは大きいものは半分に切り、水から3分ほど下ゆでして水気をきる。牛肉は大きければひと口大に切る。こんにゃくは食べやすい大きさにちぎる。ごぼうはささがきにし、水にさらす。まいたけはほぐし、長ねぎは1cm幅の斜め切りにする。

2　鍋にA、里いもを入れて中火にかけ、沸騰したらこんにゃく、ごぼうを加える。里いもがやわらかくなったら牛肉を入れ、アクが出たら取る。

3　しょうゆ、まいたけを加え、まいたけに火が通ったら長ねぎを加えて軽く煮る。

山形県

いも煮

山形の秋の風物といえば、いも煮。里いもやごぼう、きのこ、好みで肉などを煮込みます。シメはカレールウを溶かしてうどんにするのがメジャーな食べ方だそう！

里いもや根菜、きのこで食物繊維もたっぷり

108

山形県

ひっぱりうどん

使うのは、冬の保存食として常備している乾麺。納豆のほか、最近はのり、天かす、チーズを加えるなど、バリエーションも豊富になっています。

"冬の寒さが厳しい時期の保存食"

[材料（2人分）]

うどん（乾麺）	200g
納豆	2パック（100g）
さば水煮缶	1缶（200g）
かつお節	4g
細ねぎの小口切り	5g
めんつゆ（3倍濃縮）	大さじ2

[作り方]

1 納豆、缶汁をきったさば缶、かつお節、細ねぎを器に合わせ、めんつゆを加えて軽く混ぜる。

2 鍋に湯を沸かし、うどんを袋の表示どおりゆでる。湯に入ったうどんに1を添え、つけながら食べる。

だし

なすやきゅうりなどの夏野菜を
細かく刻んで合わせます。
欠かせないのは納豆昆布。
ねばねばが全体をまとめてくれます。

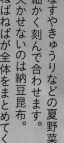

[材料（2人分）]

なす	1本（80g）
きゅうり	½本（50g）
みょうが	1個（20g）
青じそ	4枚
長ねぎ	10g
オクラ	4本（40g）
納豆昆布	4g
A しょうゆ・みりん	各大さじ1
酒	小さじ2
B おろししょうが	小さじ⅓
かつお節	4g

[作り方]

1 なす、きゅうり、みょうが、青じそ、長ね
ぎは3mmほどの粗みじん切りにし、なす
は水にさらして水気をきる。オクラはサッ
とゆで、3mmほどに刻む。納豆昆布は水
大さじ1（分量外）でもどす。

2 小鍋にAを入れて弱火にかけ、ひと煮立
ちさせる。粗熱を取り、冷蔵室で冷やす。

3 ボウルに1、2、Bを入れて混ぜ、冷蔵室
に3～4時間おいて味をなじませる。ご飯
などにかけて食べる。

山形徳洲会病院

"ご飯にのせたり、
そうめんのたれにも"

"油で揚げた麩のコクで
うまみたっぷり"

（宮城県）

油麩の卵とじ丼

油麩は揚げているので香ばしく、メインにもなるたんぱく質食材。温めた煮汁に入れると縮んで味がしみ込みにくくなるので、沸騰する前に入れましょう。

[材料（2人分）]

油麩	10個（24g）
玉ねぎ	½個（100g）
卵	2個
A だし汁	1と⅙カップ
しょうゆ	大さじ1と½
みりん	小さじ1
砂糖	大さじ1
ご飯	茶碗2杯分（300g）
細ねぎの小口切り	適量

[作り方]

1 ボウルに麩を入れ、ぬるま湯でもどす。30分ほどおいたら水気をよく絞り、大きい場合は半分に切る。

2 玉ねぎは薄切りにし、卵は溶きほぐす。

3 小さめのフライパンにA、玉ねぎを入れて中火にかけ、沸騰する前に1を並べ入れる。麩に煮汁がしみたら強火にし、沸騰したら溶き卵を回し入れる。30秒ほど煮たらふたをして火を止め、そのまま余熱で1分火を通す。

4 器にご飯を盛り、3、細ねぎをのせる。

仙台徳洲会病院

"根菜たっぷりの
精進料理"

（茨城県）

煮合い

「煮て和える」ことから「煮合い」と
呼ばれたのが名前の由来。
野菜は多めの油で炒めるのがコツ。

[材料（2人分）]

干ししいたけ	2個（4g）
ごぼう	¼本（50g）
にんじん	2㎝（25g）
れんこん	⅛節（25g）
油揚げ	½枚（10g）
しらたき	30g
スナップえんどう	3個
植物油	大さじ1
A 水	¼カップ
干ししいたけのもどし汁	大さじ2
しょうゆ・砂糖	各大さじ1
酢	大さじ½

[作り方]

1 干ししいたけはひたひたの水でもどし、細切りにする。
ごぼうは斜め切り、にんじんは4㎝長さの細切りにする。
れんこんは4㎜幅のいちょう切りにする。

2 油揚げは熱湯を回しかけ、水気をきって細切りにする。
しらたきは塩少々（分量外）を入れた湯に通し、水気を
きる。スナップえんどうは筋を取り、塩ゆでにする。

3 鍋に植物油を中火で熱し、1、2を順に炒める。油がま
わったら、Aを加えて5分煮る。

4 ごぼうがしんなりしたら酢を加え、全体を混ぜる。落と
しぶたをして火を止め、そのまま5分蒸らす。

5 粗熱が取れたら器に盛り、縦半分に割いたスナップえ
んどうを飾る。

古河総合病院

あじをたたいて焼いた
漁師料理

（千葉県）

さんが焼き

たたいたあじに刻んだ香味野菜、
みそを混ぜ込んで焼きます。
お酒のおつまみにもおすすめ！

[材料（2人分）]

あじ	2尾（160g）
ピーマン	½個（12g）
長ねぎ	10cm（20g）
青じそ	6枚
A みそ	小さじ2
おろししょうが	小さじ2
植物油	小さじ1
黄パプリカ	¼個（20g）
すだちの輪切り	1枚

館山病院

[作り方]

1 あじは三枚におろし、歯ごたえが残る程度にたたく。

2 ピーマンはみじん切り、長ねぎは5cm分をみじん切りにし、残りは半分に切る。青じそは4枚をせん切りにする。

3 1、2のピーマン、青じそ、長ねぎのみじん切り、Aを合わせ、包丁で練り混ぜながらさらにたたく。粘りが出たら3〜4等分し、平丸に成形する。

4 フライパンに植物油を弱火で熱し、3を焼く。両面に焼き色がついたら取り出し、同じフライパンで半分に切ったパプリカ、長ねぎを中火で焼く。

5 器に残りの青じそを敷き、4を盛ってすだちを添える。

"季節の野菜の甘みが
溶け出た汁もおいしい"

ほうとう

麺についた打ち粉ははらわずに
そのまま煮ると、汁にとろみがつきます。
食べごたえも十分で大満足！

白根徳洲会病院

[材料（2人分）]

ほうとう麺	1袋（100g）
じゃがいも	⅓個（30g）
かぼちゃ	100g
にんじん	1cm（10g）
大根	1cm（40g）
白菜	20g
しいたけ	2個（20g）
油揚げ	⅓枚（5g）
長ねぎ	5cm（10g）
A 水	5カップ
和風顆粒だしの素	小さじ4
みりん	大さじ4
みそ	大さじ2

[作り方]

1 じゃがいもとかぼちゃは食べやすい大きさの乱切り
にする。にんじんは2～3mm幅の半月切り、大根は2
～3mm幅のいちょう切り、白菜は2cm幅のざく切りに
する。しいたけは軸を取り、薄切りにする。

2 油揚げは短冊切りにし、熱湯を回しかけて油抜きす
る。長ねぎは薄い斜め切りにする。

3 鍋にAを入れて中火にかける。煮立ったら1を順に
入れ、やわらかくなるまで煮る。

4 みその半量を溶き入れ、油揚げ、ほうとう麺を粉が
ついたまま加えて煮る。麺に火が通ったら残りのみ
そを加え、味をととのえる。煮立ったら長ねぎを加え
て火を止め、ふたをして2～3分蒸らす。

[材料(2人分)]

牛すじ肉	200g
こんにゃく	100g
A だし汁	2カップ
しょうがの薄切り	2枚
赤みそ・砂糖	各大さじ4
みりん・酒	各大さじ2
細ねぎの小口切り	5g

[作り方]

1 牛すじはひと口大に切る。こんにゃくはひと口大にちぎる。

2 鍋に牛すじとかぶるくらいの水を入れ、強火にかける。煮立ったらアクを取り、弱火にして1時間ほど煮る。肉がやわらかくなったらざるにあげ、水気をきる。

3 鍋にA、2、こんにゃくを入れて中火にかけ、煮立ったら弱火にして30分煮る。火を止め、ふたをして30分おき、味をなじませる。

4 器に盛り、細ねぎをのせる。

大阪府

どて焼き

もともとは鍋の縁にみそを土手のように盛ることから、この名がつきました。甘辛く濃厚な味わいで、お酒のアテにも。牛すじの下ゆでは圧力鍋を使うと時短に。

八尾徳洲会総合病院

"とろとろに煮込んだ
牛すじが絶品！"

地元で愛される
鯛料理のひとつ

鯛めし

愛媛の名物・鯛めしには、
刺身をのせるものと
炊き込みの2つがあります。
今回はより手軽に、焼いた鯛をのせる
バージョンをご紹介します。

[材料（2人分）]

鯛（切り身）⋯⋯⋯⋯⋯⋯	2切れ（160g）
米⋯⋯⋯⋯⋯⋯⋯⋯⋯⋯⋯	1合（150g）
にんじん⋯⋯⋯⋯⋯⋯⋯⋯	1cm（10g）
ごぼう⋯⋯⋯⋯⋯⋯⋯⋯	細め2cm（5g）
油揚げ⋯⋯⋯⋯⋯⋯⋯⋯⋯	⅓枚（5g）
A 水⋯⋯⋯⋯⋯⋯⋯⋯⋯	180㎖
和風顆粒だしの素⋯⋯⋯	小さじ1
薄口しょうゆ⋯⋯⋯⋯⋯	小さじ1
酒⋯⋯⋯⋯⋯⋯⋯⋯⋯⋯	小さじ¼
みりん⋯⋯⋯⋯⋯⋯⋯⋯	小さじ½
細ねぎの小口切り⋯⋯⋯⋯⋯	5g

[作り方]

1 米は洗って30分ほど浸水させ、ざるにあげる。

2 にんじんは太めのせん切り、ごぼうはささがき
　にする。油揚げは細切りにし、熱湯を回しかけ
　て油抜きする。

3 炊飯釜に1、Aを入れ、2をのせて炊く。

4 鯛はオーブントースター（または魚焼きグリル）
　で皮に焼き色がつくまで焼き、骨があれば除く。
　1切れは身をほぐして3に混ぜ、残りは食べやす
　い大きさに切る。

5 器にご飯を盛り、切った鯛をのせて細ねぎを散
　らす。

宇和島徳洲会病院

116

"さつまいもの
素朴な甘みがおいしい"

長崎県

つき揚げ

長崎県波佐見の郷土料理。
さつまいもを蒸して棒で「つき」、
油で「揚げる」から、こう呼ばれます。
おやつにもぴったり。

[材料(2人分)]

さつまいも	100g
A 砂糖	小さじ1
塩	少々
しょうが汁	大さじ1
小麦粉	大さじ1
揚げ油	適量

[作り方]

1 さつまいもは皮をむいて蒸気の上がった蒸し器に入れ、中火で10分蒸す。ボウルに入れ、熱いうちにつぶす。

2 Aを加えて混ぜ、粗熱が取れたら小麦粉をふるいながら加え、粉っぽさがなくなるまでよく混ぜる。

3 4等分して直径5cm、厚さ1〜2cmの平丸に成形する。

4 鍋に揚げ油を180℃に熱し、3をきつね色に揚げる。

長崎北徳洲会病院

豚のバラ肉と
たっぷり野菜の煮もの

長崎県

浦上
そぼろ

浦上地区でキリスト教伝道のために訪れた
ポルトガル宣教師から伝わったものが発祥。
丼仕立てにしてもおいしい。

[材料（2人分）]

豚バラ薄切り肉‥‥‥‥‥‥‥‥‥‥‥60g
ごぼう‥‥‥‥‥‥‥‥‥細め8cm（20g）
にんじん‥‥‥‥‥‥‥‥‥‥1cm（10g）
干ししいたけ‥‥‥‥‥‥‥‥小2個（4g）
こんにゃく‥‥‥‥‥‥‥‥‥‥‥‥20g
干ししいたけのもどし汁‥‥‥‥½カップ
乾燥春雨‥‥‥‥‥‥‥‥‥‥‥‥‥20g
A 砂糖・しょうゆ・酒‥‥‥‥各大さじ1
　塩‥‥‥‥‥‥‥‥‥‥‥‥‥‥‥少々
絹さや‥‥‥‥‥‥‥‥‥‥‥‥4枚（8g）

[作り方]

1 豚肉は4cm幅に切る。ごぼうはささがき
にし、水にさらす。にんじんは細めの短
冊切りにする。

2 干ししいたけは水でもどし、薄切りに
する。こんにゃくはゆでて細切りにする。

3 鍋に干ししいたけのもどし汁、1、春雨
を入れて中火にかけ、ごぼうがやわら
かくなるまで煮る。2、Aを加え、汁気
がなくなったら火を止める。

4 器に盛り、ゆでてせん切りにした絹さ
やを飾る。

長崎北徳洲会病院

118

薩摩の郷土料理。
具はお好みのものでOK

鹿児島県

さつま汁

鶏肉や豚肉など、肉入りのみそ汁で、
豚汁の原型ともいわれています。
さつまいもは後から加えて
煮崩れを防ぎます。

鹿児島徳洲会病院

[材料(2人分)]

鶏ももこま切れ肉	30g
干ししいたけ	小2個(4g)
こんにゃく	30g
ごぼう	⅙本(30g)
にんじん	⅕本(30g)
大根	1cm(40g)
さつまいも	60g
さつま揚げ	1枚(30g)
植物油	小さじ½
だし汁(干ししいたけのもどし汁+水)	2カップ
A 麦みそ	大さじ2
黒糖・酒	各少々
細ねぎの小口切り	適量

[作り方]

1 干ししいたけは水でもどし、薄切りにする。

2 こんにゃくはゆでて細めの短冊切り、ごぼうは斜め薄切りにして水にさらす。にんじん、大根は3mm幅のいちょう切りにする。

3 さつまいもは5mm幅のいちょう切りにし、さつま揚げは5mm幅に切る。

4 鍋に植物油を中火で熱し、鶏肉、1を炒める。肉の色が変わったら、2を加えて炒め合わせる。

5 野菜に火が通ったら、だし汁、3を加えて10分ほど煮る。Aを加えて調味し、器に盛って細ねぎをのせる。

（鹿児島県）

春雨シームン

奄美大島の近くにある喜界島で
お正月や冠婚葬祭などの食事に供されます。
黒椀に盛りつけるのが通例となっています。
残った鶏だしは冷凍保存でき、鶏飯などに使えます。

[材料（2人分）]

乾燥春雨	12g
干ししいたけ	2個（4g）
A 鶏ガラ	200g
水	1ℓ
しょうがの薄切り	20枚（40g）
鶏ささみ	40g
B 水	½カップ
薄口しょうゆ・みりん	各小さじ⅓
しょうゆ	小さじ¼
おろししょうが	
	小さじ1と½（7g）
塩	ひとつまみ
C しょうゆ	小さじ2
みりん	小さじ1と⅔
植物油	少々
卵	1個
細ねぎの小口切り	6g

[作り方]

1 春雨、干ししいたけは、それぞれ水でもどす。鶏ガラは洗って汚れを落とす。卵は溶きほぐす。

2 鶏だしをとる。鍋にAを入れて中火にかける。沸騰したら弱火にし、アクを取りながら30分煮る。火を止める5分前にささみを加え、火が通ったらささみを取り出す。火を止めて、煮汁をざるでこす。ささみは粗熱が取れたら細く裂く。

3 別の鍋に2の鶏だし1と½カップ、Bを入れてひと煮立ちさせる。

4 別の小鍋に干ししいたけ、Cを入れて弱火で10分ほど煮る。取り出して細切りにする。

5 フライパンに植物油を中火で熱し、溶き卵を流し入れ、薄焼き卵を作る。粗熱を取り、細切りにする。

6 器に春雨、ささみ、4、5を盛り、3を注ぐ。細ねぎをのせる。

喜界徳洲会病院

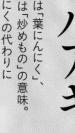

ヒルアギ

「ひる」は「葉にんにく」、「あぎ」は「炒めもの」の意味。葉にんにくの代わりににんにくの芽を使って作ります。

沖永良部徳洲会病院

[材料(2人分)]

にんにくの芽	2本(40g)
糸こんにゃく	30g
水煮たけのこ	30g
にんじん	2cm(20g)
長ねぎ	⅓本(40g)
なると	12g
豚バラ薄切り肉	50g
ごま油	大さじ1
A しょうゆ・砂糖	各小さじ1
塩	ひとつまみ
こしょう	少々
白いりごま	少々

[作り方]

1 糸こんにゃくはさっとゆでて水気をきり、4cm長さに切る。にんにくの芽は同じ長さにそろえ、たけのことにんじんは細い短冊切り、長ねぎとなるとは斜め切りにし、なるとはさらに縦半分に切る。

2 豚肉は3cm長さの棒状に切る。

3 フライパンにごま油を中火で熱し、2を炒める。肉の色が変わったら、1を加えて炒め合わせる。

4 野菜がやわらかくなったら、Aを加えて味をととのえる。器に盛り、いりごまをふる。

" 正月に食される
沖永良部島の名物グルメ "

"奄美大島を代表する
郷土料理"

鹿児島県

鶏飯

たっぷりの鶏だしをかけてお茶漬け風にいただきます。
本来は鶏ガラでスープをとりますが（P.120参照）、
鶏の煮汁と鶏ガラスープの素で代用します。

[材料(2人分)]

鶏むね肉	40g
干ししいたけ	1個(4g)
卵	1個(50g)
細ねぎ	5g
青じそ	2枚
パパイヤ漬け（またはたくあん、奈良漬けなど）	4切れ
水	4カップ
A みりん	小さじ2
塩	小さじ⅓
薄口しょうゆ	小さじ2と⅔
鶏ガラスープの素	小さじ1
干ししいたけのもどし汁	1カップ
B みりん・砂糖	各小さじ1と⅓
しょうゆ	小さじ1
植物油	小さじ1
ご飯	茶碗2杯分(300g)
紅しょうが・刻みのり	各ふたつまみ

[作り方]

1 干ししいたけは水でもどし、せん切りにする。卵は溶きほぐす。細ねぎは小口切り、青じそはせん切り、パパイヤ漬けは食べやすい大きさに刻む。

2 鍋に水を入れて中火にかけ、煮立ったら鶏肉を15分ほどゆでる。ゆで汁は3カップ分を取り分け、Aを加えて混ぜる。鶏肉は粗熱が取れたら皮を除き、細く裂く。

3 小鍋に干ししいたけともどし汁、Bを入れて中火にかけ、汁気がなくなるまで煮る。

4 フライパンに植物油を中火で熱して溶き卵を流し入れ、薄焼き卵を作る。粗熱が取れたら細切りにする。

5 器にご飯を盛り、2の鶏肉、3、4、細ねぎ、青じそ、パパイヤ漬け、紅しょうがをのせる。2のスープを温めて注ぎ、刻みのりをのせる。

名瀬徳洲会病院

"豚の骨つき肉を使った
ポピュラーな沖縄料理"

ソーキ汁 （沖縄県）

豚骨つきあばら肉（ソーキ）を軟骨が
やわらかくなるまでコトコト煮込んだ汁。
野菜もたっぷり入れていただく料理です。

[材料（2人分）]

豚骨つきあばら肉（スペアリブ）……80g
水 ………………………………………5カップ
冬瓜（または大根）…………………………90g
にんじん ………………………………3cm（30g）
ほうれん草 ……………………………………60g
乾燥結び昆布 …………………………4個（3g）
A だし汁 ………………………………210ml
　しょうゆ・酒・みりん……各小さじ1
　塩 …………………………………小さじ⅓
　おろししょうが…………………小さじ1

[作り方]

1 豚肉はさっとゆで、流水で汚れを取って鍋に入れる。水を加えて中火にかけ、沸騰したら弱火にして2時間ほど煮る。肉がやわらかくなったら取り出し、ゆで汁は550ml分を取り分ける。

2 冬瓜は乱切り、にんじんは5mm幅の半月切りにする。昆布は水でもどす。

3 ほうれん草はさっとゆでて水気をきり、3cm長さに切る。

4 鍋に1の豚肉とゆで汁、2、Aを入れ、弱火で30分ほど煮る。器に盛り、3をのせる。

中部徳洲会病院

おわりに

食事療法が必要な方や栄養に興味のある方は、本やインターネットの情報である程度理論的な知識を蓄えていると思います。でも、ちゃんと食事で実践できている方はほんのひとにぎりしかいません。

なぜ、知識があっても実践が難しいのでしょうか？ 手間がかかるからです。1日3食を毎日準備して献立を考えるのは大変です。さらに、何をどのくらい食べたらよいかピンとこないので、つい自分の好みで選んだり、自己流の解釈でサプリメントに頼る方もいます。もちろんサプリは食事の補助として悪くありませんが、体は栄養素だけで完璧にととのうわけではありません。物を食べると咀嚼（そしゃく）のため消化酵素が分泌（ぶんぴつ）され、あごの筋肉を使うので脳への刺激になるなど、人間が生きていくうえで大事なことにつながり、生活習慣病の予防にもなります。

大きな問題は、**必要な野菜がとれていない方が大変多いこと**です。「主菜はたんぱく質メイン、副菜は野菜がメイン」と組み合わせをしっかり考えていても、なかなか充分ではない。

そこで、メイン料理に野菜を添えたり、**副菜をさらに1品プラスすること**が必要なのです。

本書は、そうした**「バランス食の組み合わせ方」がひと目でわかるように**、30の献立例を掲載しています。栄養価も載せてありますので、最初はそれを見ながらバランスよく食べる習慣づけが必要かもしれません。でも本書を使い慣れてくれば、副菜を交換するなどでバリエーションが増え、副菜を複数そろえて食べることで「バランス食は簡単」と実感ができるはずです。

少々ハードルが高そうに思われるレシピは、週末にチャレンジしていただければ料理の楽しみも増えます。外食についても触れていますので、参考にしていただけれは嬉しいです。

最後に、本書の制作にご協力賜りましたすべての方に、この場を借りて感謝申し上げます。

徳洲会グループ栄養部会長
一般社団法人徳洲会栄養部長
鑓水弘樹

素材別インデックス

この本でご紹介したおかずやご飯のメイン素材をピックアップ。家にある素材で作りたいときなどに役立ててください。

肉・肉加工品

●牛肉
- 牛肉のトマトスープ … 37
- 牛肉と豆腐のすき煮 … 75
- どて焼き … 108
- いも煮 … 115

●鶏肉
- 鶏のジューシーから揚げ … 18
- 鶏肉の和風おろし … 41
- 鶏の和風香味焼き … 51
- タンドリーチキンカツ … 54
- 蒸し鶏の温野菜添え … 60
- フレッシュトマトスープ … 89
- 鶏のロール蒸し … 94
- さつま汁 … 119
- 春雨シーマン … 120
- 鶏飯 … 122

●豚肉
- 豚しゃぶのポン酢ジュレ … 16
- 白菜ロール ポン酢ジュレがけ … 45
- 揚げレバーのケチャップソース … 76
- 孟宗汁 … 107
- 浦上そぼろ … 118
- ヒルアギ … 121
- ソーキ汁 … 123

●ひき肉
- 肉みそうどん … 22
- 豆腐ひじきハンバーグ … 29
- かぼちゃまんじゅうのあんかけ … 35
- ハンバーグステーキ … 46
- 厚揚げのとろとろそぼろあん … 60
- ミートボールのトマトソース … 73
- 蒸しなすの特製ソースがけ … 79
- 鶏つくねの月見仕立て … 82

●肉加工品
- 花野菜のガーリックソテー … 20
- ほっこりきのこの豆乳スープ … 29
- スイートポテトサラダ … 38
- キムチ炒飯 … 42
- コンソメスープ … 46
- 白菜のクリーム煮 … 73
- あったかポトフ … 83
- キーマカレー … 89
- もやしの粒マスタード和え … 90
- 菊しゅうまい … 99
- 冬瓜のオイスターソース煮込み … 99

魚介・魚介加工品

●赤魚
- 赤魚のみそ焼き … 34
- 赤魚の幽庵焼き … 74

●あさり
- 魚介たっぷりパエリア風炊き込みご飯 … 64
- 真鯛のアクアパッツァ … 90

●あじ
- あじのレモンマリネ … 38
- さんが焼き … 113

●アンチョビ
- バーニャカウダ … 95

●えび
- ふき寄せご飯 … 26
- 魚介たっぷりパエリア風炊き込みご飯 … 64
- えびとトマトの卵炒め … 79
- れんこんとなすの2色はさみ揚げ … 97

●かれい
- かれいのねぎしそ焼き … 44

●鮭
- 焼き鮭の南蛮漬け … 25
- 鮭のとろろ蒸し … 57
- 鮭ピラフ … 83
- 鮭のちゃんちゃん焼き … 104
- 石狩鍋 … 105

●さば・さば水煮缶
- さばの梅しそ揚げ … 69
- ひっぱりうどん … 109

●さわら
- さわらのパン粉焼き トマトソースがけ … 20
- さわらのふくさ焼き … 53

●白身魚
- れんこんとなすの2色はさみ揚げ … 97

●鯛
- 真鯛のアクアパッツァ … 90
- 鯛めし … 116

●たら
- 魚介たっぷりパエリア風炊き込みご飯 … 64
- たらのチリソースがけ … 86
- 三平汁 … 106

●たらこ
- たらことパスタのサラダ … 20

●ちりめんじゃこ
- 大根じゃこサラダ … 54
- じゃこ風味ご飯 … 76

●ツナ缶
- トマツナサラダ … 29
- 豆苗とツナのサラダ … 73
- 彩り温野菜スティック … 89

●ぶり
- ぶりの照り焼き … 16

●魚介加工品
- 彩りなます … 53
- れんこんだんごのすまし汁 … 75
- ブロッコリーのマヨポン和え … 76
- 青菜のとろみスープ … 79
- キャベツのさっぱり和え … 97
- さつま汁 … 119
- ヒルアギ … 121

卵
- ふんわり卵スープ … 18
- ミモザサラダ … 22
- おだしたっぷり卵豆腐 … 27
- キムチ炒飯 … 42
- カステラいも … 60
- きのこのたっぷり茶碗蒸し … 70
- えびとトマトの卵炒め … 79
- 鶏つくねの月見仕立て … 82
- 油麩の卵とじ丼 … 111
- 春雨シーマン … 120
- 鶏飯 … 122

野菜・いも・果物

●青じそ
- かれいのねぎしそ焼き … 44
- しそ香るさんまご飯 … 97
- だし … 110
- さんが焼き … 113
- 鶏飯 … 122

●枝豆
- 梅と枝豆の混ぜご飯 … 51
- れんこんとなすの2色はさみ揚げ … 97

●オクラ
- 長いもとオクラの塩昆布和え … 87
- 彩り温野菜スティック … 89
- だし … 110

●かぶ
- かぶレモン … 22
- かぶのまろやかポタージュ … 65

●かぼちゃ
- かぼちゃまんじゅうのあんかけ … 35
- かぼちゃのまろやかポタージュ … 87
- ほうとう … 95
- クリームチーズのパンプキンサラダ … 114

●カリフラワー
- 花野菜のガーリックソテー … 20
- カリフラワーの冷製ポタージュ … 95

●キャベツ
- 野菜とわかめの三杯酢和え … 18
- コンソメスープ … 46
- あったかポトフ … 83
- キャベツのさっぱり和え … 97
- 鮭のちゃんちゃん焼き … 104

●きゅうり
野菜とわかめの三杯酢和え
きゅうりの昆布和え
だし

●グリーンアスパラガス
彩り温野菜スティック

●ごぼう
だご汁
いも煮
煮合い
浦上そぼろ
さつま汁

●小松菜
トマツナサラダ
彩り野菜の白和え
やみつき香味和え

●さつまいも
彩り野菜の白和え
スイートポテトサラダ
さつまいもご飯
バーニャカウダ
つき揚げ
さつま汁

●里いも
だご汁
いも煮

●さやいんげん
蒸し鶏の温野菜添え

●じゃがいも
じゃがビーンズサラダ
カポナータ
しんびき揚げ
カステラいも
あったかポトフ

●春菊
春菊のピーナッツ白和え

●ズッキーニ
カポナータ

ページ（左→右）: 38　27　114　106　105　89　83　60　45　38　37　60　108　16　119　117　95　59　38　35　99　35　29　119　118　112　108　16　89　110　71　18

●セロリ
焼き鮭の南蛮漬け
フレッシュトマトスープ

●大根
だご汁
鶏肉の和風おろし
根菜のゆず風味みそ和え
彩り
大根なます
大根じゃこサラダ
バーニャカウダ
キャベツのさっぱり和え
石狩鍋
ほうとう
三平汁
さつま汁
ヒルアギ
孟宗汁

●たけのこ
だご汁
肉みそうどん

●玉ねぎ
焼き鮭の南蛮漬け
牛肉のトマトスープ
カポナータ
コンソメスープ
あったかポトフ
ヒルアギ
さんが焼き
だし
いも煮
三平汁
鶏飯

●なす
だご汁
カポナータ
蒸しなすの特製ソースがけ
れんこんとなすの2色はさみ揚げ
だし

●チンゲン菜
キーマカレー
やみつき香味和え
鮭のちゃんちゃん焼き
鮭麩の卵とじ丼

●冬瓜
冬瓜のオイスターソース煮込み
青菜のとろみスープ
オイスターソース風味

●豆苗
切干大根と豆苗のごちそうスープ
冬瓜とツナのサラダ

●トマト・ミニトマト
野菜とわかめの三杯酢和え
トマツナサラダ
えびとトマトの卵炒め

ページ（左→右）: 79　29　18　73　43　123　99　79　111　104　99　89　83　46　38　37　25　121　107　92　16　119　114　106　105　97　95　54　53　51　41　16　89　25

●トマト缶
フレッシュトマトスープ
やみつき香味和え
バーニャカウダ
さわらのパン粉焼き
トマトソースがけ
豆腐ひじきハンバーグ
牛肉のトマトスープ
カポナータ
ミートボールのトマトソース
キーマカレー

●長いも
長いものスフレ
鮭のとろろ蒸し
長いもとオクラの塩昆布和え

●長ねぎ・細ねぎ
かれいのねぎしそ焼き
やみつき香味和え

●なす
だご汁
カポナータ
蒸しなすの特製ソースがけ
れんこんとなすの2色はさみ揚げ
だし

●にら
野菜のソテー

●にんじん
だご汁
野菜のソテー
肉みそうどん
焼き鮭の南蛮漬け
春菊のピーナッツ白和え
カポナータ
彩り野菜の白和え
コンソメスープ
根菜のゆず風味みそ和え
蒸し鶏の温野菜添え
あったかポトフ

ページ（左→右）: 83　60　51　46　38　35　27　25　22　18　16　18　110　97　79　38　16　122　121　113　110　108　106　105　99　44　87　57　54　89　73　38　37　29　20　99　89

（もやし）
キーマカレー
もやしの粒マスタード和え
バーニャカウダ
鮭のちゃんちゃん焼き
石狩鍋
三平汁
煮合い
ほうとう
浦上そぼろ
さつま汁
ソーキ汁
ヒルアギ

●にんにくの芽
ソーキ汁
ヒルアギ

●白菜
白菜ロール ポン酢ジュレがけ
シャキシャキサラダ
白菜のクリーム煮
青菜のとろみスープ
オイスターソース風味
石狩鍋
ほうとう

●パプリカ黄・赤
野菜のソテー
ミモザサラダ
キーマカレー
さんが焼き
バーニャカウダ
えびとトマトの卵炒め

●ブロッコリー
花野菜のガーリックソテー
ミモザサラダ
ブロッコリーのマヨポン和え
ブロッコリーのクリーム煮

●ピーマン
彩り温野菜スティック
キーマカレー
さんが焼き
野菜のソテー

●ほうれん草
白菜ロール ポン酢ジュレがけ
ほうれん草のおすまし
ほうれん草の濃厚スープ
ソーキ汁

●水菜
シャキシャキサラダ

ページ（左→右）: 65　123　90　51　45　95　79　76　73　22　20　113　89　89　22　18　114　105　79　73　65　45　121　123　121　119　118　114　112　106　105　104　95　90　89

●ミックスベジタブル
鮭ピラフ … 83

●みょうが
だし … 110

●もやし
野菜のソテー … 18
もやしの粒マスタード和え … 90
バーニャカウダ … 95

●ヤングコーン
バーニャカウダ … 95

●りんご
シャキシャキサラダ … 65

●レタス
ミモザサラダ … 22

●レモン果汁
かぶのレモン … 22
あじのレモンマリネ … 38

●れんこん
ふき寄せご飯 … 26
桜えびとれんこんのサラダ … 43
れんこんだんごのすまし汁 … 75
れんこんとなすの2色はさみ揚げ … 97
煮合い … 112

きのこ

●えのきだけ
花野菜のガーリックソテー … 20
ふき寄せご飯 … 26
ほっこりきのこの豆乳スープ … 29
きのこたっぷり茶わん蒸し … 70
鶏つくねの月見仕立て … 82
バーニャカウダ … 95

●しめじ
蒸し鶏の温野菜添え … 60
きのこたっぷり茶わん蒸し … 70
鶏つくねの月見仕立て … 82
石狩鍋 … 105
孟宗汁 … 107
ほうとう … 114

●しいたけ
ほっこりきのこの豆乳スープ … 29
きのこたっぷり茶わん蒸し … 70

●エリンギ
鮭のちゃんちゃん焼き … 104

●まいたけ
鶏つくねの月見仕立て … 82
鮭のちゃんちゃん焼き … 104
いも煮 … 108

大豆・大豆加工品

●厚揚げ
厚揚げのとろとろそぼろあん … 107
ひっぱりうどん … 60
ほうとう … 104

●油揚げ
ふき寄せご飯 … 26
油揚げのみそ汁 … 97
じゃこ風味ご飯 … 112
梅と枝豆の混ぜご飯 … 114
油揚げの卵とじ丼 … 116

●豆乳
カリフラワーの冷製ポタージュ … 29
かぶのまろやかポタージュ … 65
ほっこりきのこの豆乳スープ … 95

●豆腐
春菊のピーナッツ白和え … 27
豆腐ひじきハンバーグ … 29
彩り野菜の白和え … 35
切干大根と豆苗のごちそうスープ … 43
豆腐の2色田楽 … 53
えび香る豆腐あん … 58
カステラいも … 60
牛肉と豆腐のすき煮 … 75
石狩鍋 … 105
三平汁 … 106

穀類

●うどん・ほうとう麺
肉みそうどん … 22
ひっぱりうどん … 109
ほうとう … 114

●ご飯
赤しそご飯 … 16
キムチ炒飯 … 42
梅と枝豆の混ぜご飯 … 51
じゃこ風味ご飯 … 76
油麩の卵とじ丼 … 111
山菜ご飯 … 122

●米
さつまいもご飯 … 26
ふき寄せご飯 … 59
魚介たっぷりパエリア風炊き込みご飯 … 64
山菜ご飯 … 71
鮭ピラフ … 83
キーマカレー … 89
しそ香るさんまご飯 … 97
鯛めし … 116

●ヨーグルト
クリームチーズのパンプキンサラダ … 87

乳製品

●牛乳
白菜のクリーム煮 … 73

●クリームチーズ
クリームチーズのパンプキンサラダ … 87

●生クリーム
ほっこりきのこの豆乳スープ … 29
ほうれん草の濃厚スープ … 90
カリフラワーの冷製ポタージュ … 95

●納豆
ひっぱりうどん … 109

その他

●赤しそふりかけ
赤しそご飯 … 16

●油麩
油麩の卵とじ丼 … 111

●梅干し
梅と枝豆の混ぜご飯 … 51
さばの梅しそ揚げ … 69

●乾燥きくらげ
彩りなます … 53

●乾燥桜えび
桜えびとれんこんのサラダ … 43
えび香る豆腐あん … 58

●そうめん
そうめん汁 … 59

●パスタ
ペペロンチーノ … 20
たらことパスタのサラダ … 37

●乾燥春雨
春雨の中華サラダ … 46
浦上そぼろ … 118
春雨シーマン … 120

●乾燥ひじき・昆布・わかめ
だし … 18
野菜とわかめの三杯酢和え … 29
豆腐ひじきハンバーグ … 110
ソーキ汁 … 123

●切干大根
切干大根と豆苗のごちそうスープ … 43
切干大根の混ぜご飯 … 76

●こんにゃく
石狩鍋 … 105
いも煮 … 108
どて焼き … 115
浦上そぼろ … 118
鶏飯 … 119
ヒルアギ … 121

●さんまかば焼き缶
しそ香るさんまご飯 … 97

●塩昆布
長いもとオクラの塩昆布和え … 71
きゅうりとオクラの塩昆布和え … 87

●しゅうまいの皮
菊しゅうまい … 99

●白菜キムチ
キムチ炒飯 … 42
煮合い … 112

●ピーナッツバター
鶏のジューシーから揚げ … 18
春菊のピーナッツ白和え … 27

●干ししいたけ
干ししいたけ白和え … 27
煮合い … 112

●水煮山菜ミックス
鶏飯 … 112
春雨シーマン … 118
さつま汁 … 119
春雨シーマン … 120
山菜ご飯 … 122

●ミックスズビーンズ
じゃがビーンズサラダ … 37
山菜ご飯 … 71

監修・レシピ制作・調理

徳洲会グループ栄養部会

【徳洲会グループ】

1973年1月創設。医療法人徳洲会をはじめ、社会福祉法人や学校法人など13の法人で構成。「生命だけは平等だ」という理念の下、北海道から沖縄県まで75の病院を含む約400の医療・介護・福祉施設・事業所を運営している(2023年10月末現在)。特に離島・へき地(一部農業・漁業地帯含む)の医療・介護、救急医療、国際医療支援などに尽力。創設者は徳田虎雄(現・医療法人徳洲会名誉理事長)。

【徳洲会グループ栄養部会】

グループ所属の管理栄養士・栄養士・調理師を中心とする組織。徳洲会が掲げる理念の下、分科会活動などを通じて施設の枠を超え、臨床や介護・福祉に関する栄養研究、個々のスキルアップを推進している。

制作コアメンバー

鑪水弘樹	一般社団法人徳洲会栄養部管理栄養士
小山洋史	八尾徳洲会総合病院(大阪府)管理栄養士
小谷野浩良	八尾徳洲会総合病院(大阪府)調理師
仲西純一	札幌徳洲会病院(北海道)調理師
喜屋武愛	石垣島徳洲会病院(沖縄県)管理栄養士
堀之内涼佳	吹田徳洲会病院(大阪府)管理栄養士
濱島眞琴	湘南藤沢徳洲会病院(神奈川県)管理栄養士
日暮里奈	千葉西総合病院(千葉県)管理栄養士
加勢宏樹	一般社団法人徳洲会栄養部管理栄養士
村上のぞみ	一般社団法人徳洲会栄養部

サポートスタッフ

深谷朋子	茅ヶ崎徳洲会病院(神奈川県)管理栄養士
竹山由規	長崎北徳洲会病院(長崎県)調理師
植栗大樹	八尾徳洲会総合病院(大阪府)調理師
大村えり子	八尾徳洲会総合病院(大阪府)調理師
中島拓弥	岸和田徳洲会病院(大阪府)調理師

協力

一般社団法人徳洲会広報部

毎日のごはんが健康をつくる
徳洲会おすすめの
バランスレシピ

2023年12月10日　第1刷発行

著者	徳洲会グループ栄養部会
発行者	矢島和郎
発行所	株式会社飛鳥新社
	〒101-0003
	東京都千代田区一ツ橋2-4-3 光文恒産ビル
	電話 03-3263-7770(営業)
	03-3263-7773(編集)
	https://www.asukashinsha.co.jp

撮影	高杉 純
スタイリング	洲脇佑美
イラスト	酒井真織
デザイン	高田明日美(Permanent Yellow Orange Co, Ltd.)
編集・校閲	シェルト*ゴ(坂本典子・佐藤由香・山﨑さちこ・滝田 恵)
印刷・製本	中央精版印刷株式会社

編集担当　工藤博海

本書は読みながら調理を進めることを想定し、本を開いたまま置いておける背表紙のない特殊な製本を採用しております。